질문이 있는
그림책 수업

질문이 있는 그림책 수업

초판 1쇄 발행 2022년 4월 15일
초판 4쇄 발행 2024년 10월 31일

지은이 l 그림책사랑교사모임

발행 l 케렌시아
인쇄 l (주)다해씨앤피
일원화 구입처 l 031-407-6368 (주)태양서적
등록 l 2021년 11월 18일 (제386-2021-000096호)
이메일 l niceheo76@gmail.com

ISBN 979-11-976811-2-7 (13370)

값은 표지에 있습니다.
저작권법에 따라 한국 내에서 보호를 받는 제작물이므로 무단 전재 및 복제를 금합니다.

그림책으로
묻고 답하며
탐구하는
12가지 질문법

질문이 있는
그림책 수업

그림책사랑교사모임 지음

케렌시아

들어가며

질문이란 무엇인가?

　메리 올리버(Mary Oliver)는 산문집에서 우주가 인간에게 준 두 가지 선물 중 하나가 질문하는 능력이라고 했다. 뉴질랜드 학교는 질문을 중시한다. 일부 학교에서는 학생들이 등교할 때 두 가지를 준비해야 한다. 하나는 바깥놀이 후에 먹을 간식 도시락이고, 나머지 하나는 그날 아침에 떠오른 질문 한 가지이다. 학생은 그것을 등교하는 길에 처음 만나는 선생님께 질문한다. 질문을 받은 선생님은 질문한 학생을 격려하고, 학생과 함께 그 질문에 대한 답을 찾을 방법을 궁리한다. 이렇게 뉴질랜드 학생들은 자신의 삶에 관심을 가지고 호기심으로 질문을 찾는다.
　그림책 『궁금해 궁금해』(캐리 앤 홀트 글, 케나드 박 그림, 김경연 옮김, 미디어창비)는 창의적이고 통통 튀는 질문으로 가득하다. '승용차와 트럭은 서로 말이 통할까?', '타이어가 더 이상 구르고 싶지 않다면?' 등 기상천외한 질문들이 등장한다. 시계나 책 등 주변 사물이나 동물, 바람, 나무 심지어 내일이라는 시간 개념까지도 학생들의 시각에서는 낯설고 신기한 존재가 된다. 학생들이 하루하루 생활하면서 만나는 세상이 질문의 소재가 된다. 뉴질랜드 초등학생과 『궁금해 궁금해』에 등장하는 학생처럼 세상에 대한 관심을 가지고 그들 사이의 관계를 찾아가는 질문을 만들어야 한다. 세상과 자신에 관해 질문을 만들고 답을 구하는 과정에서 학생들은 성장하기 때문이다.

질문은 원래 자연스러운 것이다. 어린아이들은 호기심이 가득 찬 눈으로 세상을 보고 무엇이든 '왜?' '어떻게?'라고 하며 질문을 쏟아낸다. 세상에 호기심을 가지고 이것저것 살펴보면서 답을 찾는다. 앎에 대한 동기부여가 되는 것이다. 이렇게 해서 습득된 지식은 점점 확장되고 오래 기억에 남는다. 왜냐하면, 답을 찾을 때까지 스스로 사고하면서 탐구하기 때문이다.

『소년과 두더지와 여우와 말』(찰리 맥커시 글·그림, 이진경 옮김, 상상의힘)은 철학적인 질문과 답으로 구성되어 있다. '넌 성공이 뭐라고 생각하니?', '시간을 낭비하는 가장 쓸데없는 일이 뭐라고 생각하니?' 등 학생들에게는 다소 어려울 수 있는 질문들이다. 그러나 그림책 속 소년의 질문과 함께 두더지, 여우, 말의 대답을 들어보면 고개가 끄덕여지고, '나라면 어떤 답을 할까?' 생각하게 된다. 저마다 살아온 배경과 성격, 능력이 다르듯 두더지와 여우, 말도 각자 다른 생각을 하고 있다. 그들은 때로는 다투기도 하면서 서로의 존재를 확인하는 여행을 계속한다. 결국 우리가 살아가는 데 가장 필요한 것은 서로 사랑하고 사랑받는 것임을 질문을 통해 알게 된다. 자신의 삶에 대한 질문은 세상에 대한 이해를 통해 삶을 다채롭게 만든다.

질문은 세상을 살아가는 힘이다. 그런데 아이들이 성장하면서 머릿속에 담아야 할 지식이 많아지고 주변을 의식하게 되면서 자연스럽게 질문이 줄어든다. 미래 사회는 한 가지 지식만으로 통용되는 것이 아니라 상상력과 창조력을 바탕으로 여러 지식을 융합하고 재구성하는 통합형 인재를 필요로 하는 사회가 될 것이다. 우리 아이들이 책을 읽고 자신의 삶에 대해, 작가의 생각에 대해, 변화하는 세상에 대해 무수한 질문을 던져야 하는 이유이다. 나와 다른 사람의 생각이 어떻게 다르고, 무엇을 받아들여야 하는지에 대해 끊임없이 성찰해야 변화와 창조를 만들어갈 수 있기 때문이다.

배움은 질문에서 시작한다

학생들이 질문하는 능력을 십분 발휘할 수 있도록 많은 교사가 고민한다. 하지만 정작 수업 시간에는 학생들이 무엇을 궁금해하는지에 관한 질문을 하지 않고 습관적으로 "질문 있나요?"라고 묻곤 한다. 사실 이 질문에는 '정답을 다시 말해줄까요?', '답을 쓰지 않은 사람이 있다면 다시 불러 줄게요.', '다음 진도로 넘어가도 될까요?' 수업을 제대로 이해하고 있는지에 대한 다소의 의심과 그에 이어지는 확인 그리고 허락의 의미가 담겨 있다. 학생들은 교사의 질문 의도를 정확히 파악한다. 그래서 교사의 질문과 마찬가지로 학생들의 질문 역시 학습 내용을 확인하는 수준을 크게 벗어나지 않는 경우가 많다. 이러한 유형의 질문은 학습자의 배움을 불러일으키는 질문이라고 할 수 없다.

지금까지 질문은 교사가 했고, 학생은 답을 했다. 이제 질문은 교사가 한다는 고정관념에서 벗어나야 한다. 질문은 알고자 하는 호기심을 가진 사람이 하는 것이다. 질문한다는 것은 호기심이 발동했으며, 답을 찾으려고 생각하기 시작했다는 뜻이기도 하다. 인간은 살아가며 만나는 세계에 대해 알고자 할 때 질문한다. 그래서 처음 만나는 세상에서 학생들은 끊임없이 '왜요?'를 외치는 것이다.

이러한 본능적인 배움의 욕구가 자연스럽게 발현될 수 있도록 학생들의 모든 질문에 대해 격려하고 허용하는 관용적 태도가 필요하다. 질문하고자 하는 욕구, 즉 배움의 욕구가 제한되면 사고의 폭이 좁아지고 더 큰 배움의 기회를 잃게 될 수 있다. 배움은 질문에서 시작한다. 학습자가 스스로 질문하고 그 질문에 대한 답을 찾아가도록 하기 위해 교사는 어떤 질문도 받아들일 수 있어야 한다. 학생들에게 폭넓은 질문의 기회가 주어진다면 학생들은 더 깊고 넓은 배움의 세계로 나아갈 수 있게 될 것이다.

질문은 생각을 촉발시키고 확장, 심화시키며 질문을 해결하기 위한 상호작용을 통해 비판적 사고력과 논리력을 길러준다. 교사의 말을 듣기만 하는 것이 아니라, 학생들이 스스로 질문을 만들고 그 질문을 활용한 대화와 토론이 활발하게 일어날 때 학습자의 배움은 더욱 확장되고 깊어진다. 그런데 학생들은 생각보다 질문을 만드는 것을 어려워한다. 어떤 주제나 사실에 대해 흥미나 호기심을 느끼지 못하는 경우도 많으며, 무엇에 대해 어떤 질문을 만들어야 할지 막막해하기도 한다. 따라서 질문 수업에서 중요한 점은 학생들이 스스로 질문을 찾아낼 수 있도록 호기심과 흥미를 유발하고, 의미 있는 질문을 끌어낼 수 있게 하는 적절한 학습자료를 선정하는 것이다. 그런 점에서 그림책은 매우 효과적인 학습 매체이다.

왜 그림책일까?

그림책은 시각언어와 글자 언어의 결합이다. 그림책을 '글과 그림의 행복한 결혼'이라고 비유한 데이비드 러셀(David L. Russell)의 말처럼 그림책에서의 글과 그림은 서로 같은 이야기를 하거나 서로 보완해주는 역할을 한다. 따라서 그림책을 의미 있게 읽기 위해서는 글 읽기와 그림 읽기가 조화를 이루어야 한다. 그림책의 그림만 봐서는 책 내용을 전부 이해하지 못하고, 마찬가지로 그림책의 글만 봐서도 책 내용을 온전히 이해하지 못한다. 그림책을 볼 때 글과 그림을 조합하여 이야기를 풀어나가는 과정에서 독자의 상상력이 발휘된다.

그림책 『하나라도 백 개인 사과』(이노우에 마사지 글·그림, 정미영 옮김, 문학동네어린이)를 예로 들어보자. 하나의 사과를 두고 예술가는 노래를 생각하고, 학생들은 소풍 도시락을 생각하며, 경찰은 도둑을 생각한다. 글만 봐서는 예술가와 학생들과 도둑의 표정을 놓치기 쉽다. 그림만 보면 책에 담긴 의미를 놓치기 쉽다. 그림책으로 학생들과 수업하기 위해서는 글과 그림을 연결 지어야 한다. 글과 그림의 상호작용을 이해하고, 글과 그림을 조합하여 의미를 찾아가는 과정에서 다양한 질문이 피어나고, 이는 학생들의 사고력과 상상력을 자극한다. 일반적인 교재는 글에 집중하여 수업을 풀어나간다면 그림책을 활용한 질문 수업은 글과 그림을 함께 생각하도록 유도한다는 점에서 의의가 크다.

그림책에는 수많은 이야기가 담겨 있다. 드러난 이야기도 있고, 겉으로 드러나지 않는 숨겨진 이야기도 있다. 학생들은 그림책의 글 텍스트와 그림 텍스트, 혹은 숨겨진 텍스트에서 다양한 관점으로 질문을 만들고 나눌 수 있다. 이 과정에서 다양한 관점으로 폭넓은 깊이의 질문을 쉽게 만들어낼 수 있다. 그림책에는 주제나 메시지가 분명하게 드러나는 책도 있지만 그렇지 않은 경우도 있다. 독자가 어떻게 읽어내느냐에 따라 다르게 해석될 여지가 많다는 뜻이다. 이러한 모호성, 개방성이야말로 질문 수업을 하기에 최적의 조건이다. 각자 자기 생각, 경험, 인식 수준에 따라 질문을 만들고 모호성을 해석하며 생각을 나누기 좋기 때문이다.

그림책은 다른 교재들에 비해 읽는 시간이 짧은 편이다. 그림책은 읽는 데 긴 시간이 드는 다른 교재와 달리 부담이 적어서 여러 번 읽으며 생각할 수 있다. 그림책을 한 번, 두 번 그리고 여러 번 볼 때마다 조금씩 생각이 변하고 처음에는 생각하지 못한 부분을 발견하기도 한다. 처음 생긴 질문이 자연스럽게 해결되기도 하며, 생각이 겹겹이 쌓이면서 새로운 질문이 생기기도 한다. 그림책을 볼 때마다 관점이 변화하기 때문이다. 그렇기에 그림책은 더 깊은 분석이 가능하고 다양한 질문을 활용한 수업이 가능하다.

질문 수업을 위한 다양한 질문법

이 책에서는 학생들이 만든 질문으로 이뤄지는 수업에 관해 이야기하려고 한다. 최근 들어 수업에서 질문의 중요성이 더욱 강조되고 있다. 하브루타, 비경쟁 토론 등 토론 수업을 하는 선생님뿐만 아니라 다양한 배움중심수업을 하는 선생님들이 학생들이 만든 질문으로 수업을 하고 있다. 그런데 질문 수업을 하는 선생님들은 많은 어려움을 겪는다. 학생들이 질문을 만들기 어려워하거나 정답이 있는 질문만 만들어 질문 수업 진행이 힘든 경우가 많다. 게다가 질문 수업을 계속하다 보면 매번 같은 방식으로 하기 마련이다. 그래서 학생들은 질문 만드는 걸 귀찮게 여겨 수업에 흥미를 잃게 되는 경우가 많다. 이런 문제점을 해결하기 위해 교사는 다양한 질문법을 활용할 필요가 있다. 각 질문법이 지닌 특색을 활용하면 학생들의 생각하는 힘도 길러진다.

따라서 이 책에서는 먼저 해당 질문법이 무엇인지 설명하고 각 질문법을 어떻게 적용할 수 있는지 안내했다. 그런 후 각 질문법에 익숙해지기 위한 놀이나 활동을 안내했다. 즐거운 놀이나 활동으로 질문법에 익숙해진 학생들은 질문 만드는 데 큰 부담을 느끼지 않는다. 그다음 학생들이 만든 질문으로 이뤄진 다양한 그림책 수업 사례를 상세히 소개했다. 추가로 QR 코드를 활용해서 해당 질문법을 적용하기 좋은 그림책과 수업에 활용할 수 있는 좋은 질문을 소개하고 있어서 더욱 유익하다.

그림책으로 학생들이 배움의 즐거움을 회복할 수 있었으면 한다. 풍부한 예술성과 창의성, 그리고 삶의 지혜를 담은 그림책으로 학생들과 만나길 바란다. 다양한 그림책을 읽으며 학생들은 그림책 수업에 푹 빠져들게 될 것이다. 그림책 한 권으로 즐길 수 있는 12가지의 질문법을 통해 자신만의 그림책 항해를 시작해보기를 간절히 바란다.

그림책을 사랑하는 마음을 담아
그림책사랑교사모임

차례

들어가며 5

수업을 시작하기 전에 14

1장 생각의 파이를 키우는 협력적 탐구
소크라틱 세미나 질문법 27

2장 학습 단계에 맞는
블룸 사고수준 질문법 55

3장 단계별 연상 키워드가 있는
QAR 질문법 79

4장 깊은 대화를 나눌 수 있는
다카시 질문법 103

5장 생각 매트릭스를 활용한
싱크트릭스 사고 확장 질문법 127

6장 그림을 읽으며 대화하는
VTS 질문법 153

7장 문제를 깊이 이해하며, 문제 해결을 위한
DVDM 질문법 173

8장 인물의 삶을 파악하기 쉽게 해주는
SWOT 질문법 195

9장 다양한 발상을 돕는
스캠퍼 질문법 219

10장 사고의 흐름을 명료하게 하는
오리드 질문법 239

11장 나의 사고를 점검해보는
ABCDE 질문법 261

12장 마음의 문을 두드리는
동일시 · 카타르시스 · 통찰 질문법 281

수업을 시작하기 전에

어떻게 하면 학생들이 질문에 익숙해질까?

우리 사회가 질문이 빈곤하다는 것을 보여주는 아주 대표적인 사례가 있다. 2010년 서울에서 열린 G20 폐막 기자회견에서 미국 오바마 대통령이 한국의 기자들에게 특별히 질문할 기회를 주었다. 전 세계 언론의 이목이 쏠리는 자리였다. 그 어느 한국 기자도 손을 들지 않자, 중국 기자가 대신 질문했다. 오바마 대통령은 한국 기자에게 주는 기회라며 중국 기자를 저지했지만, 끝끝내 한국 기자들은 아무도 질문을 하지 않았다. 벌써 10년이 넘는 시간이 흘렀지만, 우리 사회는 크게 달라지지 않았다. 기자회견 사건 이후 학교 현장에서도 질문 수업이 강조되고 학생들에게 질문할 권리를 주자는 분위기가 형성되었다. 하지만 큰 변화는 생기지 않았고, 여전히 학생들은 질문하지 않는다.

교실에서 자발적으로 질문하는 학생은 거의 없다. 관심과 흥미가 있어야 '왜?'라는 질문을 하게 되고, 관찰을 해야 질문이 생기는데 빠르게 변화하는 인터넷의 다양한 볼거리와 게임은 학생들에게 생각할 시간을 주지 않고, 주변을 관찰할 여유를 주지 않는다. 자신이 좋아하는 것에는 적극적으로 참여하는 학생들이 질문을 하라고 하면 조용해진다. 질문하지 않는 데는 자신이 모르는 것을 말하기 부끄러워서, 주변 학생들의 눈치가 보여서, 생각하기 귀찮아서, 어떻게 질문해야 하는지 몰라서 등 다양한 이유가 있을 것이다.

학생들이 자발적으로 질문하기 위해서는 질문하는 것이 일상의 대화처럼 편안하고 재밌어야 한다. 잘 알고 있거나 좋아하는 것, 재미있는 것에는 더 흥미를 느끼고 질문이 생긴다. 따라서 수업 주제와 관련 있는 퀴즈나 재미있는 짧은 영상으로 궁금증을 갖게 하는 것이 좋다. 그리고 학생들이 좋아하는 노래를 질문으로 개사하여 부르거나 간단한 신체 놀이를 하며 질문 만들기를 연습하면 좋다. 질문을 많이 해본 학생들은 자연스럽게 일상에서도 질문을 많이 하게 된다.

그리고 학생들이 서로의 질문을 존중하는 태도를 가져야 한다. 서로 질문을 존중하기 위해서는 처음부터 학급 전체 학생을 대상으로 질문하고 수업하기보다 4인 정도의 모둠 형태로 수업을 진행하는 게 좋다. 모둠 내에서 각자 질문을 만들고 질문을 공유한다. 이때 질문을 만든 이유를 함께 발표하면서 공유하면 좋다. 각자는 질문 만드는 나름의 이유가 있다. 자신의 사고 수준, 상황, 입장에 따라서 질문을 만든다. 질문을 만든 이유를 발표하고 경청하면 친구가 고민한 지점을 알게 되어 친구의 질문을 공감하고 존중하게 된다.

무엇보다 학생들의 질문을 대하는 교사의 마음이 중요하다. 나쁜 질문이 없다는 철학을 가지고 학생들의 모든 질문을 대해야 한다. 학생들은 교사가 언제나 자신들의 질문을 소중히 다룬다는 느낌과 확신이 들 때 질문을 만드는 일에 의미를 부여한다. 교사들은 가끔 학생들의 엉뚱한 질문에 당황하여 쓸데없는 질문이라고 면박을 주는 경우가 있다. 학생들의 질문에는 나쁜 질문은 없다. 질문을 대하는 교사의 태도와 그 질문에 대한 응답이 오히려 잘못되거나 틀릴 때가 있다. 어떤 질문을 해도 수용되어 소중히 다루어지는 안전한 분위기의 수업 환경이 보장되어야만 학생들은 자유롭게 질문할 수 있다.

학생들이 처음 질문을 만들 때, 교사는 기다려주어야 한다. 처음부터 질문을 잘 만드는 학생은 거의 드물다. 학생들을 격려하며 시간을 충분히 주어야 한다. 그리고 질문을 했으면 기다려야 한다. "왜 아무도 대답이 없나요?", "아무 대답이나 해봐요. 괜찮아요"와 같이 재촉하는 말도 삼가는 것이 좋다. 그런 말을 듣고 얼른 대답해야겠다고 생각하는 학생보다 누군가 빨리 대답하면 좋겠다고 생각하거나 무관심한 상태로 가만있는 학생이 더 많아질 수 있기 때문이다. 학생들의 대답을 들을 수 있는 가장 좋은 방법은 기다리는 것이다. 기다림의 시간은 생각보다 길지 않다. 얻는 이점도 훨씬 많다. 교사가 질문을 하고 나서 참지 못하고 답을 해버린다면, 다음 수업 시간에도 학생들은 대답하지 않을 것이다. 조금만 기다리면 선생님이 정답을 말한다는 사실을 배웠기 때문이다.

그리고 학생들의 질문에 피드백을 많이 해주어야 한다. 열심히 질문을 만들었는데 교사가 그에 대해 한마디도 언급하지 않으면 '왜 내가 이것을 만들지?' 하는 생각과 더불어 하고 싶은 마음이 점점 없어지기 때문이다. 반대로 질문에 대한 피드백을 주고 거기에 대한 의사소통이 활발하면 신뢰가 형성된다.

그림책 수업에서 질문을 만드는 기초적인 방법

　그림책 수업에서 질문을 만드는 기초적인 10가지 방법을 소개하려고 한다. 이 방법으로 심도 깊은 내용을 다루기는 어려울 수 있지만, 학생들이 질문 만드는 것에 두려움을 없애고, 질문 만드는 방법의 기초를 익힐 수 있다. 더 많이, 더 빨리 소비하는 사람들로 인해 수없이 사용되는 택배 상자 이야기를 다룬 『상자 세상』(윤여림 글, 이명하 그림, 천개의바람)을 활용해서 쉽게 적용하는 질문법을 소개하고자 한다.

1. 정답을 주고 정답이 나오게 하는 질문 만들기
　그림책을 읽으면 알 수 있는 정보를 답으로 먼저 제시하고 그 답이 나올 수 있는 질문을 만드는 방법이다. 교사가 그림책의 인물이나 사건 중 학생들이 반드시 알아야 할 정보를 답에 적고 학생들에게 관련된 질문을 만들게 함으로써 그림책의 내용을 파악하는 데 도움을 준다. 그림책을 잘 읽으면 질문을 쉽게 만들 수 있으므로 질문 만들기를 친숙하게 느끼게 한다.

　〔예시〕 (답) 전동칫솔 → (질문) 첫 번째 배달된 택배 상자에 들어 있는 물건은 무엇인가?
　　　　 (답) 집 밖으로 던진다 → (질문) 택배 상자에서 물건을 꺼내고 빈 택배 상자를 어떻게 했는가?
　　　　 (답) 기억 놀이 → (질문) 택배 상자가 심심할 때 하는 놀이는 무엇인가?
　　　　 (답) 나무 → (질문) 택배 상자는 무엇으로 만들어졌는가?

2. 키워드로 질문 만들기

하나의 제시어나 문장 속 낱말을 이용하여 질문을 만드는 방법으로 내용을 이해하면서 전체적인 흐름을 생각하게 한다. 가장 일반적인 방법은 제목을 키워드로 하여 질문을 만드는 것이다. 제목은 그림책을 대표하는 키워드로 등장인물을 파악하거나 이야기의 흐름을 예측할 수 있게 한다. 이야기에서 중심이 되는 단어를 제시하여 관련된 내용, 공간적·시간적 배경에 관한 질문도 만들 수 있다. 이 방법은 질문을 만들기 어려워하는 학생들에게 질문 만들기의 단서를 제공하여 보다 쉽게 질문을 만들 수 있게 하고, 키워드로 질문을 만들어가는 과정에서 내용을 이해하고 추론하며 비판적 사고까지 할 수 있게 한다.

〔예시〕 상자 세상에는 누가 살까?
　　　 상자 세상은 어떻게 될까?
　　　 상자들이 밖에 버려질 때 어떤 느낌이었을까?
　　　 상자들의 꿈은 무엇일까?

3. 단어와 단어를 결합하여 질문 만들기

그림책에 나오는 단어와 단어를 이용하여 질문을 만드는 방법으로 먼저 그림책을 읽고 책에 나온 단어를 찾아본다. 단어가 많지 않은 그림책의 경우, 그림책을 읽고 떠오른 단어를 활용해도 좋다. 두 개의 단어를 이용하여 질문을 만드는데, 처음에는 한 개의 단어를 이용하여 질문 만들기를 하고 익숙해지면 2개 이상의 단어를 연결하여 질문을 만든다. 전혀 관련이 없어 보이는 단어들을 연결하여 새로운 질문을 만드는 방법으로 창의성,

유연성, 융합적 사고를 기르는 데 도움이 된다.

〔예시〕 달밤에 나무들은 무슨 생각을 할까?
　　　　상자 없는 세상을 만드는 방법은 무엇일까?
　　　　나무로 된 냄비 뚜껑은 어떤 점이 좋을까?
　　　　쓰레기가 쌓이고 쌓이면 하늘까지 닿을까?

4. 한 문장으로 질문 만들기

　단어를 이용하여 질문 만들기가 익숙해지면, 이제 한 문장을 활용해서 질문을 만들어보면 좋다. 그림책 각 문장에는 다양한 의미가 함축되어 있다. 그래서 한 문장으로도 많은 질문을 만들 수 있다. 가장 쉽게 할 수 있는 방법은 그림책을 읽지 않은 상태에서 첫 번째 문장만 보여주고, 앞으로 이어질 내용을 예측하는 질문을 만들어보는 것이다. 학생들은 질문을 만들며 호기심을 갖게 된다. 다 읽은 후에는 그림책에서 가장 핵심적인 문장 또는 인상 깊은 문장을 제시해서 질문을 만들면 좋다.

〔예시〕 띵똥~~ 택배왔습니다. (첫 번째 문장)
　　　　택배의 주인은 누구일까?
　　　　택배는 누가 보낸 걸까?
　　　　택배 상자에는 무엇이 들어 있을까?
　　　　택배를 받는 사람은 기분이 어떨까?

5. 꼬리에 꼬리를 무는 질문 만들기*

상대와 질문과 답을 주고받으며 꼬리를 무는 질문법으로 질문 만드는 것을 어려워하는 학생들이 놀이처럼 시작하기 좋은 방법이다. 답을 해야 하므로 어려운 주제보다는 자신에 관한 질문 또는 평소 관심 많은 분야에 관한 질문으로 시작하는 것이 좋다. 상대의 답을 제대로 듣지 못하면 그다음 질문을 할 수 없기 때문에 상대의 답에 귀를 기울이게 된다.

꼬리에 꼬리는 무는 질문 만들기를 쉽게 할 수 있는 방법은 상대의 답에 '왜'와 '어떻게'를 넣어 생각해보는 것이다. 또는 상대의 답을 듣고 단순히 내가 궁금한 것을 질문할 수도 있다. 이 질문법으로 상대의 이야기에 주의를 집중하는 법을 배우고 주어진 정보를 비판적으로 생각하는 힘을 기를 수 있다. 교사 입장에서는 학생들의 마음 상태와 평소 관심사를 파악할 수 있어서 좋다.

〔예시〕

질문	예상 답
너희 집은 어떤 물건이 택배로 배달되니?	우리 집은 엄마 옷들이 많이 와.
엄마가 어떤 옷들을 사셔?	우리 엄마는 원피스를 많이 사셔.
집에 오는 택배 중 네 것은 없어?	나는 별로 없고 우리 형 것은 많아.
형은 무얼 사?	우리 형은 만화책을 많이 구매해.
형은 왜 만화책을 좋아하는 거 같니?	글쎄. 우리 형은 만화책을 읽으며 공부 스트레스를 푼대.
너는 어떻게 스트레스를 푸니?	나는 노래를 들으며 스트레스를 풀어.

---

* 김혜숙, 김혜진 공저, 『철학수업 레시피』, 교육과학사, 2017, p.108 참고

6. '만약 ~라면?'으로 질문 만들기

'만약 ~라면?'은 우리가 일상생활에서 많이 하는 대표적인 질문이다. 그림책의 수많은 이야기 속에 기본적으로 내포된 질문이기도 하다. 학생들은 그림책을 읽으며 '만약 ~라면?' 질문을 통해 등장인물의 상황이나 감정을 느끼고 상상하며 그림책 이야기에 공감한다. 또한, 무한한 상상으로 질문이 끝없이 확장되어 자유롭게 이야기 나누며 소통하기에도 매우 효과적이다.

'만약 ~라면?' 질문을 만드는 가장 쉬운 방법은 다양한 질문의 상황을 학생들의 생활과 연결하는 것이다. 학생 자신이 등장인물이 되어보거나 이야기 속 상황에 놓이는 상상은 그림책에 몰입하고 공감하는 가장 좋은 방법이다. 그 외에도 등장인물의 성격이나 배경, 사건 등을 다양한 방식으로 바꾸어 보거나 기발한 상상으로 질문을 만들 수도 있다. 학생들은 '만약 ~라면?' 질문으로 삶에 적용하고 추론해보면서 세상을 보는 다양한 관점을 갖게 되고 문제 해결 능력과 비판적 사고력을 키울 수 있다. 또, 엉뚱한 발상으로 기존 관념을 뒤집어 보거나 거꾸로 생각해봄으로써 창의력과 상상력도 확장할 수 있다.

〔예시〕 만약 내가 택배를 받는다면 무엇을 받고 싶은가?
　　　 만약 우리 마을이 택배 상자로 가득 찬다면 어떤 일이 벌어질까?
　　　 만약 내가 상자라면 나는 무엇을 담고 있었을까?
　　　 만약 상자가 세상을 집어삼킨다면 세상은 어떻게 될까?

7. '어떻게' '왜'를 넣어 질문 만들기

'어떻게?'는 방법을 묻는 질문이고, '왜?'는 이유를 묻는 질문이다. '어떻게?'는 그 현상을 독자 입장에서 어떻게 바라보고 해결해야 할지에 대한 구체적 방법이나 문제 해결법을 묻는 것이다. '왜?'는 작가 입장에서 또는 등장인물이나 그림책 속 시대 배경, 상황에서 그 현상이 일어나는 원인, 근거를 묻는 것으로 어떤 현상에 대해 좀 더 본질적이고 근원적인 질문을 제기하는 것이다. 학생들은 그림책을 통해 새로운 이야기 세계로 들어간다. 등장인물이나 사건이 발생하는 원인, 까닭을 살펴보고 예상되는 문제의 해결책을 질문을 통해 알아가며 이야기 세계에서의 논리성과 현실과의 연결성을 추론하고 상상해본다.

〔예시〕 상자들이 산처럼 쌓이면 어떻게 될까?
　　　　상자들이 세상을 다 먹어 치우면 어떻게 될까?
　　　　상자들은 왜 버려질까?
　　　　상자는 왜 나무가 되고 싶었을까?

8. 육하원칙으로 질문 만들기

육하원칙은 『정글북(The Jungle Book)』의 작가로 친숙한 영국의 소설가이자 시인인 조지프 러디어드 키플링이 쓴 동화 '코끼리 아이(The Elephant's Child)'에서 유래되었다. 그는 '무엇, 어디서, 언제, 그리고 어떻게, 왜, 누구'라는 6명의 성실한 도우미들에게 그가 아는 모든 것을 배웠다고 했다. 육하원칙을 활용하여 만든 질문만으로도 작가가 드러낸 이야기, 숨겨둔 이야기를 찾기에 충분하다. 또한, 육하원칙은 사건을 파악하거나 상황을 정리하기 좋은 생각 도구이다. 하나씩 따져가며 질문을 만들면 전체를 보는 눈과 더불어 미처 생각하지 못한 작은 것까지 깊이 생각하게 하는 힘이 생긴다.

〔예시〕 무엇 : 상자 세상에서 상자가 싣고 다닌 물건 중 가장 재미있는 건 무엇일까?
　　　어디서 : 상자 세상은 어디에 만들어질까?
　　　언제 : 꿈이 생각나는 때는 언제인가?
　　　어떻게 : 상자들은 다 어떻게 되었을까?
　　　왜 : 왜 심심할 때 기억 놀이가 떠오를까?
　　　누구 : 기억 놀이를 심심할 때 떠올리는 사람은 누구일까?

9. 둘 중 하나 선택하는 질문 만들기

둘 중 하나의 답을 선택해야 하는 질문을 만드는 방법이다. 작가의 메시지를 참고하여 두 가지 정반대의 상황을 제시하고 둘 중 하나를 선택하게 한다. 최근 유행하는 밸런스 게임처럼 두 가지 상황을 균형 있게 설정하여 둘 중 하나를 고민하면서 선택하게 만드는 것이 핵심이다. 둘 중 하나 선택하는 질문 만들기는 아이들에게 이미 익숙한 밸런스 게임의 형태로 진행되기 때문에 놀이처럼 편하게 다가갈 수 있고 작가의 메시지나 핵심 가치를 좀 더 깊이 고민할 수 있게 한다.

〔예시〕 매일 100개의 택배 받기 VS 100일간 1개의 택배 받기
　　　 인터넷 쇼핑으로만 물건 구매 가능 VS 대면 오프라인으로만 물

건 구매 가능

쓰레기로 가득한 방에서 살기 VS 쓰레기를 절대로 버릴 수 없는 방에서 살기

모든 물건을 종이 상자에 포장된 상태에서만 구매 가능함 VS 포장 없이 물건만 구매해서 가져갈 수 있음

10. 당위적인 주장에 의문을 제기하며 질문 만들기

'해야만 한다'라는 당위적인 메시지에 의문을 제기하는 방법이다. 예를 들면 '동생에게 양보를 해야 한다'는 메시지에 의문을 제기하면 '왜 동생에게 양보를 해야 하는가?'가 되는 것이다. 원래 당연히 그런 거라고 생각하는 것들에 비판적 시각으로 질문을 던져보는 것이다. 질문은 교사가 묻고 학생은 답해야 한다는 고정관념을 단번에 바꾸어 학생들이 수업에 주도적으로 참여하게 한다.

〔예시〕 왜 택배 상자를 함부로 버리면 안 될까?
왜 나무를 소중히 다뤄야 할까?
왜 환경을 보호해야 할까?
왜 자연을 함부로 훼손하면 안 될까?

그림책 질문 수업의 단계

그림책 질문 수업은 준비 단계, 활용 단계, 정리 단계로 진행된다. 그림

책 질문 수업을 준비할 때 생각해야 할 점들이 있다. 우선, 수업의 의도와 목적을 구상한다. 학생에게 어떤 학습과 배움이 일어나게 할 것인지 목적을 정한다. 그런 후에 목적 달성을 위한 그림책을 정한다. 학생들의 나이, 사고 수준에 맞는 적절한 그림책을 선정하는 게 중요하다. 그런 다음 질문법을 선정한다. 문제 해결을 위한 DVDM 질문법을 활용하거나 깊은 대화를 끌어내기 위해 다카시 질문법을 활용할 수 있다.

다음은 활용 단계이다. 첫째, 학생들과 그림책을 함께 읽는다. 그림책을 함께 읽으면서 그림과 내용을 살펴본다. 둘째, 그림책을 읽고서 다양한 질문을 만들어본다. 학생들이 익숙지 않은 질문법을 활용할 때는 질문법 놀이를 활용하면 좋다. 놀이를 통해 질문을 만들어보는 연습을 충분히 한 후에 질문을 만든다. 그리고 학생들이 만든 질문에 관해 의견을 주고받으며 토론한다.

정리하기 단계에서는 각 질문법을 적용한 독후 활동을 할 수 있다. 표지를 바꾸어 보거나, 주제어를 찾아 짧을 글을 써볼 수 있다. 그림책을 벗어나 자신의 삶까지 확장할 수 있도록 다양한 독후 활동을 하면서 수업을 마무리한다.

1장

생각의 파이를 키우는 협력적 탐구
소크라틱 세미나 질문법

소크라틱 세미나 질문법*이란?

 소크라틱 세미나에서 사용하는 질문 유형은 사실적 질문(Factual Question), 해석적 질문(Interpretation Question), 평가적 질문(Evaluation Question)으로 구분할 수 있다. 이렇게 질문을 구체화할 수 있도록 도움을 준 사람은 사람은 미국의 교육 철학자이며 다양한 교육실험을 행한 모티머 애들러(Mortimer Adler)이다. 그는 1948년에 출간한 저서 『Great Books Discussion Groups』에서 함께 읽고 논쟁하는 데 있어서 반드시 짚고 넘어가야 하는 질문으로 다음을 꼽았다.

 이 글에서 저자가 말하고 있는 내용은 무엇인가?
 그것이 지닌 의미는 무엇인가?
 그것이 지금의 당신과 관련 있다면 그것은 사실인가?

 학생들과 함께 글을 읽고 질문을 만드는 수업을 구상하는 교사가 고민하게 되는 지점은 어디일까? 아마도 '학생들은 어떤 질문을 만들까?' '학생들이 만든 질문들은 어떻게 분류하면 좋을까?' '학생들에게 좋은 질문을 만드는 방법을 어떻게 가르칠까?'일 것이다. 이를 위해 교사는 질문을

---

* Victor J. Moeller and Marc V. Moeller, (2015), Socratic Seminars in Middle School : Texts and Films That Engage Students in Reflective Thinking and Close Reading, New York, Routledge. 참고

세세하게 유목화하여 그 유형에 맞게 질문을 나누기도 하고, 학생들에게 질문을 만들어보게 한다. 그런 후에야 텍스트의 내용을 빠짐없이 파악했다는 안도감을 갖는다.

그러나 한편으로는 '유형을 식별하고 질문을 거기에 끼워 맞추는 데 너무 큰 노력을 기울인 것이 아닐까?'라는 생각이 들기도 한다. 애초에 질문을 만드는 수업의 목적이 텍스트를 함께 읽고 생각을 깊게 나누는 것에 있었다면, 질문의 유형을 구분하는 것에 힘쓰기보다는 원래의 목적에 더 크게 집중해야 하는 것이다.

앞서 모티머 애들러가 제시한 글을 읽고 논쟁하는 데 필요한 질문 목록을 다시 확인해본다. 그 목록에는 기억을 확인하는 것(사실적 질문), 이해도를 확인하기 위한 것(해석적 질문), 개인과 관련이 있거나 그 삶에 적용하는 것(평가적 질문) 이상의 무엇이 들어 있지 않다. 사실적 질문, 해석적 질문, 평가적 질문, 이 3가지만으로도 충분하다는 뜻이다. 세세하게 나누지 말고 학생들의 질문을 유심히 살펴본다. 정말 몰라서 하는 질문이기보다는 궁금하거나 다른 친구들의 생각을 알고 싶어서 만든 질문이 대부분이다. 그들은 질문을 만드는 동시에 답을 떠올린다. 다시 말하면, 학생들은 질문을 하면서 '내가 생각하는 대답은 이건데 혹시 다른 답이 있을까?' '친구들은 뭐라 생각할까?' 등을 떠올린다. 결국 대답에 대한 확신이 부족하거나 답이 하나가 아닐 거라는 궁금증은 동시 다발적으로 질문과 함께 만들어지는 것이다. 이렇게 본다면 사실적, 해석적, 평가적 질문으로 나누는 기준도 엄밀히 보면 '답'에 있다. 이 질문의 특징을 구체적으로 살펴보자.

①사실적 질문은 하나의 정답만 있다. 작가가 독자에게 한 말을 떠올리거나 본문의 한 구절을 읽어보면 쉽게 답을 찾을 수 있다. 사실적

질문은 생각을 해서 답하기보다 기억, 즉 정보 회상에 의존한다. 사실적 질문의 예로는 책의 제목, 주인공의 이름, 시·공간적 배경 등을 묻는 것이다.
② 해석적 질문은 의미에 대한 의견 차이가 있어서 두 개 이상의 답이 나올 수 있다. 작가가 쓴 것이 무엇을 의미하는지에 대한 설명을 요구하기 때문에 기억을 떠올려서 답을 하는 것이 아니라 의미하는 바를 고차원적으로 생각해서 답해야 한다. 또한, 작가가 쓴 내용에 근거하여 답을 찾아야 하므로 텍스트 안에 답이 있다. 해석적 질문의 예로는 인물의 언행에 대한 이유, 다음에 일어날 사건에 대한 궁금증, 문장이나 단어의 의미를 찾는 것 등이 있다.
③ 평가적 질문은 독자 자신의 가치관이나 경험을 떠올려서 답을 생각해보라는 질문이다. 독자에게 '만약 비슷한 경험을 했다면 어떻게 행동할 것인가?'를 묻는 것으로 답은 텍스트를 벗어나서 찾을 수밖에 없다. 평가적 질문은 '만약'과 '당신이라면'을 덧붙여 만들기도 한다.

소크라틱 세미나 질문법을 앞의 3가지 유형으로 구분하는 것은 학생들의 대답에 달렸다. 텍스트를 기반으로 대답한다면, 사실 또는 해석적 질문이다. 한 가지 대답만 나온다면 사실적 질문이고, 질문에 답하기 위해 작가가 말하는 것이 무엇을 의미하는지 설명해야 한다면 해석적 질문이다. 만약, 학생이 자신의 경험이나 가치관에 대해 말하기 시작한다면, 텍스트를 벗어난 대답이기에 평가적 질문으로 본다.

그림책에 적용하는 소크라틱 세미나 질문법

소크라틱 세미나 질문법은 텍스트에 대한 이해와 감상을 확장시키기에 적합한 질문 방법이다. 소크라틱 세미나 질문법을 적용하려면 무엇보다 적합한 그림책 텍스트를 찾는 일이 중요하다. 궁금한 점이 많이 생기고, 줄거리나 인물의 행동, 작가의 의도가 여러 가지로 해석이 가능한 것이 좋다. 그래야만 학생들이 질문을 많이 만들 수 있으며, 해석적 질문으로 인한 논쟁이 활발해져 작품을 더 깊이 감상할 수 있기 때문이다.

그림 텍스트는 그 자체에도 의미가 있지만, 다양한 해석이 가능하다. 거기서 품는 궁금증을 바탕으로 날카로운 해석적 질문들이 생기고 그에 대한 답들이 수업을 더욱 풍성하게 해준다. 그러기 위해서 교사는 그림 텍스트에도 각각 번호를 부여해 학생들이 놓치지 않고 꼼꼼히 살펴볼 수 있게 한다.

그림책은 일반적인 텍스트에 비해 분량이 적은 편이다. 그래서 학생들이 질문을 많이 만드는 것에 부담을 느끼거나 질문의 유형이 다양하게 나오지 않음을 걱정하기도 한다. 이럴 때는 학생들이 만드는 모든 질문에 의미를 부여하여 그들이 만든 질문들이 소외되지 않도록 주의를 기울여야 한다. 이때 학생들이 만든 질문의 표현을 교사가 다듬어 바꾸기보다 거친 표현 상태 그대로를 이야기해주거나 표현을 바꿀 때는 반드시 본인의 동의를 구한다. 또한, 학생들이 모두 알고 있을 만한 그림책 텍스트에서 만든 질문의 유형을 사례로 들어주고, 그를 모방해서 질문을 만들어보는 연습을 하여 자신도 충분히 할 수 있다는 자신감을 갖게 한다.

소크라틱 세미나 질문법을 활용한 수업을 학생들이 좋아하는 가장 큰 이유는 첫째, 잘못 만든 질문이 없어서이다. 학생이 만든 질문은 3가지 유형 중 하나에 반드시 속하기 때문이다. 두 번째는 질문하고 대답하는 모든 사람이 동등한 입장이기 때문이다. 학생들이 답에 활용할 수 있는 재료는 참석자 모두에게 주어지는 텍스트와 개인적인 경험이 전부이다. 텍스트에 담긴 내용을 최대한 활용해야 하기 때문에 이를 통해 모르는 내용, 새로운 내용을 습득하는 것이 아니라 나와 외부의 자극과 맞닿아 스스로 알아차리는 순간을 맞는 것이다. 모두에게 던지는 질문은 몰라서가 아니라 궁금해서이다. 작가가 하고 싶은 말이 무엇인지, 친구들은 어떻게 생각하는지, 곰곰이 탐구하게 하는 계기를 만들어주는 수업이다. 그림책은 어떤 대답을 하더라도 칭찬을 받았던 어릴 적 경험을 떠올리기 좋은 도구이다. 그림책 텍스트를 활용한 소크라틱 세미나 질문법은 세상의 모든 것이 다 궁금했던 어린 시절의 습관이 소환되기에 적합하다.

『파란파도』를 소개합니다

『파란파도』의 주인공은 파란 털을 지닌 말이다. 그래서 '파란파도'라는 이름을 갖게 되었고 색이 희귀하다는 이유로 왕에게 바쳐진다. 한쪽 팔은 없지만, 말을 다루는 실력이 뛰어난 노병에게 혹독한 훈련을 받으며 훌륭한 군마로 자란다. 파란파도가 있는 왕의 군대는 승승장구하며 더 넓은 땅을 차지하게 된다. 하지만 마냥 기뻐할 수만은 없다. 승전국에도 부상병은 있고, 사람들은 지쳤으며, 몇몇은 파란파도를 축복이 아닌 저주로 여겼다. 좋은 세상을 꿈꾸던 마을 사람들이 고향을 등지고 떠나도 전쟁은 계속된다.
어느 겨울, 파란파도는 흰 눈발을 가르며 제일 앞에서 달려오는 어린 병

유준재 글·그림 | 문학동네

사를 만난다. 어른의 반밖에 되지 않는 덩치에 제 키보다 훨씬 큰 창을 잡은 병사 앞에서 파란파도는 멈춘다. 파란파도의 머뭇거림이 신호가 된 듯 적들은 화살을 쏘고 파란파도는 부상을 입는다. 결국 군주는 안장에서 떨어져 내동댕이쳐진다. 분노한 군주는 파란파도의 처형을 명했고 파란파도는 마구간에서 죽음을 기다린다. 파란파도를 훈련해왔던 노병은 마구간으로 찾아가 파란파도의 족쇄를 풀고 숯가루로 병사들을 따돌린 후 성 밖으로 도망을 친다.

병사들이 쏜 화살로 온몸이 상처투성이가 된 파란파도는 큰 강에 도착했는데, 그곳에서 울고 있는 아이를 업은 여인과 머리가 하얀 노인을 만난다. 여인의 애절한 눈빛에 파란파도는 무릎을 굽히고 목을 낮추었다. 그리고 그들을 태우고 차가운 얼음강을 건넌다. 한참 만에 건너편에 도착한 일행 중에 파란파도는 없다. 그 후 사람들은 하늘, 들판을 보거나 겨울이 오면 종종 파란파도에 대한 이야기를 나눈다.

작품에서 배경과 등장인물은 성향에 따라 각각 색이 다르다. 핍박받는 서민의 순수함을 드러내는 하얀색이고, 땅만 넓히려는 군주의 탐욕과 권력을 상징하는 검정이고, 현실에 일부 타협하고 순응해온 병사와 노병은 회색이다. 이야기의 정체성을 드러내며 특히 집중해야 하는 부분에는 파란색이 쓰인다. 피카소의 작품 〈게르니카〉를 연상시키는 장면에도 파란색과 검은색이 주를 이루고 있는데, 전쟁의 참혹함과 그 안에서 최고의 군마로 자라난 파란파도의 화려한 모습이 넘치게 담겨 있다.

소크라틱 세미나 질문법을 활용한 수업에 『파란파도』를 선택한 이유는 학생들에게 들을 수 있는 대답이 다양하고, 사실-해석-평가 질문의 구분이 다른 그림책에 비해 명확하게 드러나기 때문이다. 제법 긴 이야기의 내용을 파악하기 위해서는 사실적 질문을 통한 내용 확인 단계가 필요하다. 『파란파도』에 등장하는 캐릭터는 각자 특징과 역할이 뚜렷해 독자의 배경지식에 따라 여러 해석이 나온다. 만약 시대적 배경을 살짝 바꿔본다면 우리 현실에서 그들과 같은 상처와 슬픔을 안고 있는 인물들을 충분히 찾을 수도 있다. 이런 해석적 질문은 학생들에게 자신과 생각이 다른 친구들의 대답에 집중하게 한다. 또한, 『파란파도』가 지닌 서사성과 여운이 남는 결말은 평가적 질문을 만들기에도 적절하다.

배움을 불러일으키는 질문은 관심과 호기심이 함께할 때 생성된다. 학생들이 하는 질문에는 책을 깊이 읽게 하는 힘이 담겨 있기도 하고, 삶에 투영시켜 함께 울고 웃을 수 있는 공감이 담기기도 하다. 더 나아가 그림책에서 질문에 답을 하는 과정에서 상대를 이해하고 배려하는 마음도 닮게 된다.

수업을 시작합니다

질문 땅따먹기

　질문 땅따먹기는 일정 크기의 땅에 질문 메모 보드를 붙여가며 모둠의 땅을 넓혀가는 놀이이다. 이 놀이의 첫 번째 목표는 학생들이 막힘없이 많은 질문을 만들게 하는 것이고, 두 번째 목표는 학생들이 사실, 해석, 평가적 질문을 구분하는 것을 놀이로 익히면서 깊게 생각해보게 하는 데 있다. 학생들에게 제공할 텍스트는 학생들의 수준보다 조금 어려운 것이 좋다. 너무 쉬우면 질문을 만들고 싶은 마음이 생기지 않기 때문이다. 조금 어려워야 궁금한 것이 생기고 묻고 싶은 것이 생긴다. 교사는 텍스트의 문장이나 문단에 번호를 붙여서 제공하는 것이 좋다. 번호는 질문의 출처가 되어, 질문이 본문 어디에 있는지 찾는 수고를 덜어주고 질문 탐구에 집중할 수 있게 해준다.

　첫 번째 활동은 질문 만들기이다. 제공된 텍스트를 꼼꼼히 읽고 개인별로 질문을 만든다. 그 후 개인들이 만든 질문을 모둠으로 모은다. 모인 질문을 하나씩 탐색하여 비슷한 것들은 그중 가장 선명한 질문 하나만 남기고 나머지는 버린다. 그 후 모둠원끼리 의논하여 사실, 해석, 평가적 질문으로 나눠놓는다. 개인 질문을 만들 때는 질문의 유형에 맞게 골고루, 최대한 많이 만들도록 독려한다.

　다음은 실습을 위해 제공한 텍스트로 로버트 프로스트의 '가지 않은 길'이며, 거기서 만든 질문들이다. 이처럼 질문의 형태를 지닌 것은 무엇이든 만들도록 한다. 궁금한 것, 잘 모르겠다는 것, 더 알고 싶은 것, 의심스러운 것 등등 뒤에 '물음표(?)'를 붙일 수 있다면 뭐든지 가능하다.

가지 않은 길

· 로버트 프로스트 ·

1. 노란 숲속에는 두 갈래의 길이 있었습니다.
2. 나는 두 길을 다 가지 못하는 것을
3. 안타깝게 생각하면서 오랫동안 서서
4. 한 길에 굽어 꺾어 내려간 데까지
5. 바라다볼 수 있는 데까지 멀리멀리 바라보았습니다.
6. 그리고 똑같이 아름다운 다른 길을 택했습니다.
7. 그 길에는 풀이 더 있고 사람이 걸은 자취가 적어
8. 아마 더 걸어야 할 길이라고 나는 생각했었던 게지요.
9. 그 길을 걸으므로,
10. 그 길도 거의 같아질 것이지만
11. 그날 아침 두 길에는
12. 낙엽을 밟은 자취는 없었습니다.
13. 아! 나는 다음 날을 위하여 한 길을 남겨뒀습니다.
14. 길은 길에 연하여 끝없으므로
15. 내가 다시 돌아올 것을 의심하면서…….
16. 훗날에 훗날에 나는 어디선가
17. 한숨을 쉬며 이야기할 것입니다.
18. 노란 숲속에는 두 갈래의 길이 있었다고 그리고 나는-
19. 나는 사람들이 덜 지나간 쪽을 택하였고
20. 그리고 그것 때문에 모든 것이 달라졌다고

번호	질문
3	화자는 정말 두 길을 가고 싶어 했을까?
10	화자는 정말 두 길이 같다고 인정했는가?
16	화자는 왜 '훗날에'를 두 번 썼을까?
제목	왜 '덜 붐비는 길'을 제목으로 하지 않았나?
17	왜 화자는 한숨을 쉬며 자신의 결정에 관해 얘기했는가?
전체	나는 중요한 결정을 할 때마다 내가 다른 결정을 할 때 어떻게 될까에 대해 고심한 적이 있는가?
1,11	가을 아침에 덜 붐비는 길을 선택하게 된 이유는 무엇일까?
2,13	화자는 무엇 때문에 두 길 모두 가기를 원했는가?
8	화자는 어떤 길을 택했나요?
10	화자는 왜 두 길이 같아질 거라고 했을까?
13	느낌표 표기는 왜 있을까?
16	화자의 한숨은 만족일까? 후회일까?
17	화자는 한숨을 쉬며 누구에게 말할까? 다른 사람일까? 본인 스스로일까?
17	화자가 자신의 결정에 대해 어떤 이야기를 할까?
제목	왜 시의 제목이 가지 않은 길인가?
17	그의 선택에 대해 얘기할 거라고 말할까?
20	어떻게 달라질까?
2	왜 화자는 두 개의 길을 모두 가길 원하냐?
제목	시의 제목을 내가 지어 본다면 무엇이라고 질 것인가?
13	왜 화자는 다른 날에도 첫 번째 길을 선택한 것을 유지할 거라고 말하느냐?
15	나는 돌아올 수 있을 것인가?
16	왜 화자는 그의 선택에 대해서 말할 때 '훗날에 훗날에'라고 얘기했나?
18	왜 나는 다음에 ' – ' 줄이 있을까?
전체	화자는 덜 여행하는 길을 택한 것에 대해 좋은 선택이었다고 스스로 확신하고 있는가?
1	숲의 색은 무슨 색인가?
2	숲에는 몇 갈래의 길이 있었는가?
6	길을 택한 기준은 무엇이었나?
전체	이 시의 계절적 배경은 언제일까?

Victor J. Moeller and Marc V. Moeller, (2015). Socratic Seminars in Middle School : Texts and Films That Engage Students in Reflective Thinking and Close Reading. New York, Routledge. 참고

〈사전 활동 - 질문 만들기〉

① 모둠원들이 같은 색깔의 메모 보드판을 나눠 갖는다.
② 텍스트를 꼼꼼히 읽는다.
③ 메모 보드판 한 장에 하나의 질문을 적는다.
④ 한 사람당 여러 장의 메모 보드판을 만든다.
⑤ 개인 질문 만들기가 종료되면 모둠으로 모인다.
⑥ 개인이 만든 질문을 모둠원들과 공유한다.
⑦ 모둠원들과 질문을 수정, 보완한다.(같은 내용이 있으면 하나만 남기고 지운다)
⑧ 다른 모둠이 보지 못하게 모둠원들의 질문을 사실, 해석, 평가적 질문으로 나눠놓는다.

두 번째 활동은 질문 땅따먹기이다. 다른 친구들은 어떤 질문을 썼는지도 확인할 수 있으며, 무엇보다 모둠별 협의가 필요한 놀이이다. 교사가 제공한 질문 땅따먹기 판에 질문을 요령껏 붙여서 더 많은 점수를 획득하는 팀이 최종 승리자가 된다.

〈놀이 방법 - 질문 땅따먹기〉

① 칠판에 교사가 제작한 질문 땅따먹기 판을 게시한다.
② 다음 '조건'을 학생들에게 제공한다. 모둠원끼리 놀이 방법과 '조건'을 확인한 후 승리를 위한 전략을 짠다.
   ㄱ. 같은 질문은 붙일 수 없음.
   ㄴ. 같은 유형의 질문을 연속해서 붙일 수 없음. 즉, 앞의 모둠과는 다른 유형의 질문을 붙여야 함.
   ㄷ. 세로로 연속해서 붙일 시에는 2배의 가산점이 주어짐.

ㄹ. 대각선으로 연속해서 붙일 시에는 3배의 가산점이 주어짐.

ㅁ. 가로로 연속해서 붙일 수 없음.

ㅂ. 질문의 유형에 맞지 않게 땅을 넓혔다면 벌칙으로 본인의 땅 한 칸을 반납함.

ㅅ. 질문 하나당 10점씩.

③ 맨 처음 땅을 선점할 모둠 순서는 가위바위보로 정한다. 한 번 정한 순서로 질문이 없어질 때까지 간다.

④ 모둠의 대표가 칠판 앞으로 나가 순서대로 질문을 '질문 땅따먹기' 판에 붙인다.

⑤ 이때 상대가 가산점을 획득할 수 없도록 방해한다.

⑥ 벌점을 받지 않기 위해 다른 팀의 질문들을 잘 살핀다.

질문 땅따먹기 판

① 평가	② 해석	③ 평가	④ 사실	⑤ 사실
⑥ 사실	⑦ 사실	⑧ 해석	⑨ 평가	⑩ 평가
⑪ 해석	⑫ 해석	⑬ 사실	⑭ 해석	⑮ 사실
⑯ 사실	⑰ 사실	⑱ 평가	⑲ 사실	⑳ 해석
㉑ 해석	㉒ 평가	㉓ 해석	㉔ 평가	㉕ 해석
㉖ 평가	㉗ 사실	㉘ 사실	㉙ 해석	㉚ 평가
㉛ 평가	㉜ 평가	㉝ 해석	㉞ 평가	㉟ 해석
㊱ 해석	㊲ 사실	㊳ 해석	㊴ 해석	㊵ 사실

연두, 노랑, 주황, 하늘, 회색 메모 보드판을 모둠별 다른 색으로 제공한다. 다섯 모둠이 가위바위보를 하여 이긴 사람의 모둠이 가장 먼저 질문 땅따먹기 판에 자기 모둠의 메모 보드판을 붙인다.

연두색 모둠이 첫 번째 순서다. 연두색 모둠은 **1. 숲의 색은 무슨 색일까?** 질문을 ⑥ **사실 칸**에 연두색 메모 보드판을 붙였다.

두 번째는 노란색 모둠 순서다. 노란색 모둠은 **왜 시의 제목이 가지 않은 길인가?**라는 질문을 들고 ⑫ **해석 칸**에 붙인다. 연두색 모둠을 견제하듯 대각선 길을 막는다.

세 번째는 하늘색 모둠 순서다. 하늘색 모둠은 ⑰ **사실 칸**에 **8. 화자는 어떤 길을 택했나요?**를 붙였다. 노란색 모둠이 세로로 확장할 수 없도록 영리한 전략을 구사한다.

다음은 주황색 모둠이다. 주황색 모둠은 **16. 화자의 한숨은 만족일까? 후회일까?**를 ⑭ **해석 칸**에 붙인다.

마지막은 회색 모둠이다. 회색 모둠은 **2. 숲에는 몇 갈래의 길이 있었는가?**를 ⑮ 칸에 붙이려다가 ⑲ **사실 칸**에 붙였다. 가로로는 붙일 수 없기 때문이다.

다시 연두색 모둠이다. 연두색 모둠이 플러스 점수를 받기 위해서는 ⑪ **해석 칸**에 해당하는 질문을 찾아야 한다. 모둠원들은 다른 모둠들이 질문 땅따먹기 판에 붙인 서로의 질문이 같지 않은가를 확인하고, 자신들의 붙일 질문이 사실, 이해, 평가적 질문이 맞는지 확인해야 한다. 단순히 질문을 유형별로 나누는 활동보다 다른 팀의 선택에 집중해야 하고 그에 따라 우리 팀의 행보를 정하는 형태의 놀이를 아이들은 상당히 흥미로워한다.

질문 만들기

쪽 번호가 표시된 그림책들은 특별히 텍스트 번호를 붙일 필요가 없지만, 『파란파도』는 쪽 번호가 없어서 텍스트 번호를 부여했다. 학생들은 어떤 순간에 질문을 할까? 지식과 정보를 얻어야 하는 텍스트를 읽고 질문할 때는 모르는 것을 질문하는 게 좋겠지만, 마음과 생각을 나누는 텍스트를 읽고서는 정답이 딱 떨어지지 않는 질문, 궁금해서 함께 이야기 나누고 싶은 질문을 만드는 것이 좋다. 텍스트를 꼼꼼히 읽고, 의문이 생기는 부분에 메모를 달고, 그것을 질문 형태로 바꿔보게 한 후 그 질문을 육각보드에 써서 칠판에 붙이게 한다. 이때 질문을 텍스트 어느 부분에서 만들었는지 텍스트 번호도 함께 적는다.

더 나은 질문을 찾을 때, 더 나은 답을 찾아낼 수 있다. 이 말은 우리가 답을 찾는 것에 몰두하지만 사실은 좋은 질문을 만드는 데 더 집중해야 한다는 말이다. 좋은 질문을 만들기 위해 고민을 하는 가운데 더 깊은 탐구가 일어나기 때문이다. 학생들은 좋은 질문으로 인해 좀 더 성장하는 자신을 느끼는 순간이 있다. 이때를 놓치지 않고 교사가 긍정적인 피드백을 해준다면 학생들은 습관처럼 좋은 질문을 만들려고 노력하게 된다.

- 사실적 질문
  - 파란색 말은 흔한가?
  - 파란파도에게 달리고 싸우는 것만을 가르치라고 요청한 사람은 누구인가?
  - 노병은 왜 파란파도를 데리고 성 밖으로 나갔을까?
  - 군주는 언제 파란파도를 사형시키라고 했을까?
  - 사람들은 파란 말을 무엇이라고 불렀나?

• 해석적 질문
- 파란파도는 왜 어린 병사를 보고 멈췄나?
- 파란파도가 지닌 상징적 의미는 무엇일까?
- 파란파도는 왜 마지막에 노인과 아이를 도와줬을까?
- 파란파도는 자신의 어떤 모습을 더 좋아했을까?
- 파란파도의 죽음이 상징하는 바는 무엇인가?

• 평가적 질문
- 이후 만약 파란파도 같은 말이 더 태어난다면 똑같이 길러질까?
- 이 사회에서 우리는 왜 치열하게 살아야 할까?(어떻게 사는 것이 바람직한 삶일까?)
- 노병과 파란파도가 노인과 아이를 업은 여자를 만나지 않았더라면 어떻게 살았을까?
- 파란파도가 사라진 후에 노병은 어떻게 되었을까?
- 파란파도가 도망친 후 사람들은 그 말을 어떻게 기억할까?

탄탄한 나의 질문 벌집 짓기

반 학생들의 질문을 한눈에 보는 것만으로도 다양한 감정이 생긴다. 나와 같은 것을 궁금해하는 것에 대한 공감, 나와 다른 것을 궁금해하는 것에 대한 신선함, 내가 보지 못한 것을 본 것에 대한 놀라움과 아쉬움, 빨리 답을 맞히고 싶다는 초조함 등이 생긴다. 이러한 감정을 고스란히 담아 개별로 활동하게 한다.

학생들의 질문이 적힌 육각보드판을 칠판에 붙여 전체 사진을 찍는다. 이

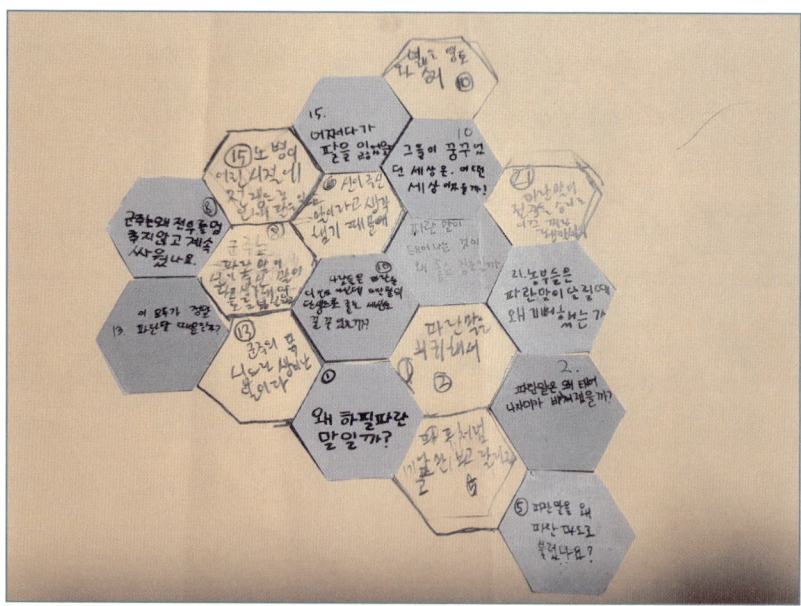

 사진을 인쇄하여 개인별로 한 장씩 나눠준다. 이때 색지 한 장과 풀, 가위도 함께 준다. 학생들은 친구들이 만든 질문들 중 답하고 싶은 질문이 담긴 육각보드를 오려 색지에 붙인다. 하나의 육각보드만 오리는 것이 아니라 본인이 고른 질문과 관련이 있는 질문이 담긴 육각보드는 모두 오린다. 오려낸 육각보드를 서로 붙여 질문 벌집을 확장한다. 친구들의 질문이 담긴 육각보드만으로 질문 벌집을 완성하기보다는 육각보드 옆에 직접 육각형 모양을 그려 자신이 생각한 답을 적거나 질문을 추가해도 좋다. 두 개 이상의 답이 생각난다면 주변에 육각형을 추가로 그려서 답을 적어도 좋다.

 나의 질문 벌집이 어느 정도 완성이 되면 친구의 생각을 추가한다. 나를 궁금하게 만든 질문을 골라 거기에 적힌 친구의 학번을 확인한 다음 그 친구에게로 간다. 질문의 주인인 친구의 생각을 들어본다. 그곳에 나 말고 다른 친구가 한 명 더 왔다면, 궁금했던 질문에 대해 같이 이야기를 나눠본다. 나의 생각에 친구들의 생각이 더해지면 나의 질문 벌집이 더 탄탄하게 완성된다.

사실적 질문, 해석적 질문 – 둘은 무엇이 다른 걸까?

학생들이 만든 질문들은 하나하나 모두 다 소중하게 다루어야 한다. 함부로 단어를 바꾼다던가 동의 없이 수정하는 행동은 삼가야 한다. 학생들에게 이번 질문이 한껏 용기를 낸 첫 질문일 수 있기 때문이다. 첫 질문부터 수정을 당한다면 다음에 또 질문을 하고 싶은 의욕이 사라지게 된다. 그래서 아주 작은 수정이라도 학생들에게 동의를 구하는 것이 중요하다.

첫 번째 질문은 '이 작품의 시대적 배경은 언제인가?'이다. '주인공은 어느 시대 사람인가요?' '주인공은 어디 살아요?'와 같은 시간적, 공간적 배경을 묻는 문제는 단골로 등장하는 질문이다. 학생들은 이것이 왜 궁금할까? 정말 궁금한 것일까? 이러한 확인은 뒤로 미루고 우선 답을 찾아보자.

교사	'이 작품의 시대적 배경이 언제인가?'에 대한 답을 책에서 찾을 수 있을까요?
학생 1	시대적 배경이 언제인지 정확하게 나오지 않았어요.
교사	아, 그래요. 그럼 혹시 시대적 배경을 눈치챌만한 것이 전혀 없나요?
학생 2	군마로 길러졌다는 내용이 있으니 말을 타고 전쟁을 하는 시대 같아요.
학생 3	화살을 맞았다고 했으니 활과 화살로 전쟁을 했던 시기네요.
학생 1	할아버지와 아이의 옷차림을 보니 요즘은 아닌 것 같아요.
교사	몇 번에 그런 내용이 나왔나요? 함께 살펴보고 싶어요.
학생 2	군마로 길러진 얘기는 3번이요.
학생 3	활을 맞은 장면은 12번이요.
학생 1	할아버지 옷차림은 19번이요.

교사	좋아요. 잘 찾았어요. 다음부터 텍스트에 있는 내용을 바탕으로 답을 말할 때는 몇 쪽인지 얘기해주면 좋겠어요. 그럼 금세 어딘지 확인할 수 있을 것 같아요. 우리 질문을 만들 때도 어디서 그 질문을 만들게 되었는지 페이지 번호를 표시했죠? 그리고 질문할 때도 "몇 번에 이런 내용이 있는데 어떻게 생각하나요?", "몇 번을 보면 주인공이 이런 행동을 하잖아요. 꼭 해야만 했을까요?" 이렇게 질문하면 무엇을 묻는지 명확하게 알 수 있겠죠? 질문과 대답은 혼자 하는 것이 아니기 때문에 상대가 잘 들을 수 있도록 배려하는 태도가 필요해요. (다시 돌아가서) '이 작품의 시대적 배경이 언제인가?'에 다른 대답을 해줄 친구가 있나요?
학생 1	2번에 나왔듯이 군주가 나라를 지배하고 있는 시대네요.
교사	시대적 배경이 언제인지 묻는 말에 여러분은 어디에서 답을 찾았나요? 책에서 답을 찾아낼 수 있었어요. 그럼 이 질문은 사실적 질문이나 해석적 질문인 것 같은데, 맞나요?
학생 1, 2, 3	네.
교사	자, 그럼 덧붙여 물을게요. 답을 생각해냈나요? 기억했나요?
학생 2	생각한 것 같아요.
교사	맞아요. 그냥 책에 쓰여 있는 내용을 기억해낸 것이 아니라 '이 작품의 시대적 배경은 언제인가?'라는 질문을 들은 순간부터 내내 생각했겠죠. 텍스트에 시대적 배경이 나오지 않았으니 힌트를 찾기 위해 쉴 틈 없이 생각하며 그럴듯한 답들을 찾아냈어요. 그럼 '이 작품의 시대적 배경은 언제인가?'라는 질문은 사실과 해석적 질문 중 어디에 속하는 질문일까요?

학생 2	해석적 질문이요.
교사	좋아요. 그럼 사실적 질문도 한 번 찾아볼까요? 여러분이 쓴 질문을 모아 인쇄해서 나눠준 종이에서 사실 질문부터 찾아봅시다. 텍스트에 답이 나와 있고, 친구와 나의 대답이 같을 수 있으면서 동시에 생각이 아닌 기억에 의존하는 대답을 하게 되는 질문을 찾으면 됩니다.
학생 2	사람들은 파란 말을 무엇이라고 불렀나요?
학생 1	5번에 보면 파란파도라고 불렀다고 나와요.
학생 2	2번에 파란파도에게 달리고 싸우는 것만 가르치라고 요청한 사람은 누구인가요?
학생 1	2번에 군주요.
학생 3	12번 군주는 언제 파란파도를 처형시키라고 했을까요?
학생 2	13번에 보면 군주가 파란파도의 등에서 떨어져 내동댕이쳐진 후 성으로 돌아와서 화가 나서 말했어요.
학생 2	파란색 말은 흔한가요?
학생 1	1번 보면 아니에요. 흔하지 않으니까 상서로운 일이라고 했을 것 같아요.
학생 3	15번의 노병은 왜 파란파도를 데리고 성 밖으로 나갔을까요?
학생 2	14번을 보면 쉴 곳을 찾아준다고 말했어요. 아마도 파란파도를 죽음의 위기에서 구하기 위해서 성 밖으로 데리고 나간 것 같아요.
교사	질문에 답하고 보니 어때요? 해석과 사실적 질문을 구분할 수 있을 것 같죠? 그럼 조금 더 깊이 탐구해볼까요?

평가적 질문 – 대답에 나를 담아볼까?

텍스트를 깊이 있게 함께 읽어내면 학생들은 '나라면 어떻게 했을까?', '내가 사는 세상에도 이런 일이 있을까?'라고 자신과 관련 지어 생각을 한다. 텍스트 안에서 질문을 찾고, 그 답 역시 텍스트 안에서 찾기에 골몰하면서 자연스럽게 나의 감정을 담아 내 이야기를 하게 되는 것이다. 이렇게 텍스트와 나의 세상을 연결하는 질문이 평가적 질문이다.

교사   지금까지 사실, 해석적 질문으로 작품을 깊이 있게 살펴보았다면 작품과 나를 관련짓는 질문을 던져 생각을 확장해볼까요? 여러분이 만든 평가적 질문 중 "파란파도가 도망친 후 사람들은 그 말을 어떻게 기억할까?"라는 질문으로 시작해볼게요.

학생 3   저라면 도망치면서 상처를 많이 입은 걸 알기 때문에 살았는지, 죽었는지에 관해 이야기할 것 같아요.

학생 1   파란파도를 어떻게 기억하겠느냐고 했으니까 원래 눈앞에 없는 이야기는 더 부풀어지는 거 아닐까요? 파란파도가 출전한 전쟁에서 얼마나 큰 활약을 했는지에 대해 과장되게 이야기할 것 같네요. 우리도 한창 인기가 있던 배우나 가수들이 활동을 뜸하게 하면 그의 과거에 대해 높게 평가하는 것처럼요.

학생 2   저라면 파란파도의 활약보다는 파란파도가 얼마나 힘들었을까, 도망치길 정말 잘했다. 나쁜 군주에 대한 이야기도 할 것 같아요. 어떻게 자신이 말에서 떨어졌다는 이유로 처형할 생각을 했을까요?

학생 4   맞아요. 군주는 진짜 나빠요. 예전에나 지금이나 이런 사람 꼭 있지 않나요? 요즘에도 그렇게 자신의 마음에 들지 않으면 함

	부로 하고 자신의 이익만을 생각하는 사람들이 있잖아요. 아르바이트생의 시급을 적게 주는 악덕 업주 같은 사람이요.
학생 5	저는 파란파도가 얼마나 힘들었을까를 사람들이 얘기할 거라는 말에 동의해요. 태어나면서부터 그렇게 키워져서 그런 대우를 받게 되었으니…. 남은 사람들이 파란파도의 도망을 응원했을 것 같기도 하고요. 파란파도는 성안에서는 치열하게 살았잖아요. 제가 쓴 평가 질문이 "이 사회에서 우리는 왜 치열하게 살아야 할까?"인데요. 이 질문에 대한 대답도 듣고 싶어요.
학생 1	파란파도가 성안에서 치열하게 산 것은 알겠는데, 그것이 자신의 의지가 아니었잖아요. 질문한 분의 의도가 '왜?'를 물은 건지 '어떻게'를 묻는 건지 잘 모르겠어요.
학생 3	지금 우리가 소년 병사를 만나기 전 파란파도처럼 우리의 의지대로 치열하게 살고 있지 않아서 물어보신 거 아닐까요?
학생 2	그런 것 같네요. 의지가 아닌 의무감이나 주변의 시선을 의식하면서 열심히 살고 있잖아요. 노인과 젊은 아낙 그리고 아이를 구하기 위해 겨울 강을 깨면서 치열하게 헤엄을 친 파란파도의 모습은 결과야 어찌 되었든 자신의 의지대로 산 것이죠. 강에서 나올 수 없었더라도 파란파도는 행복했을 것 같아요.
학생 1	그럼 질문을 '이 사회에서 우리는 왜 치열하게 살아야 할까?'를 '우리는 어떻게 사는 것이 바람직할까?'로 고치는 게 더 명확할 것 같아요. 어떠신가요?
학생 5	좋네요. '우리는'을 빼는 게 좋을 것 같아서…. 뺄게요. 그럼, 다시 질문할게요. 어떻게 사는 것이 바람직할까요?
학생 3	파란파도처럼 자신의 의지대로 사는 삶이 바람직한 삶이죠.

학생 4	전 손해를 보더라도 궁지에 몰린 이를 모른척하지 않는 노병의 삶 역시 바람직한 삶이라 생각해요.
교사	파란파도의 이야기에서 노병의 이야기까지 확장되었네요. 군주의 삶은 바람직했을까요? 배울만한 점이 있을까요? 등 작품에 등장하는 다양한 군상의 삶을 나의 삶에 비추어보는 평가적 질문의 끝은 항상 여운이 남죠.

즉각적으로 답을 하는 질문도 있지만, 시간이 흘러도 선뜻 대답하는 학생이 없거나 호응을 받지 못하는 질문도 있다. 명확하지 않은 질문들이 그러하다. 질문의 의미를 파악하는 데 시간을 쓰는 것이 아니라 문제를 해결하는 데 써야 한다. 하지만 질문을 만들 때 수정이 되지 않았더라도 대화를 통해 충분히 수정할 수 있다. 학생들이 스스로 수정할 수 있도록 허용적인 분위기를 유지하는 것이 필요하다.

판화 찍기

그림책을 텍스트로 선정하여 소크라틱 세미나 질문법을 활용한 수업을 하면 아쉬움이 남는 부분이 있다. 학생들이 글 텍스트에만 심취해서 질문을 만들고 대답을 한다는 것이다. 그림책에서 그림 텍스트의 비중은 상당히 크다. 물론, 그림을 근거로 들어 대답하기도 하지만 학년이 높을수록 혹은 그림책을 자주 접하지 않을수록 그림 텍스트는 조금 소외되는 경향이 있다. 그런 아쉬움에 판화 찍기를 해보았다.

〈판화 찍기〉

① 가장 인상 깊었던 장면이나 내 질문의 배경이 되었던 장면을 배경 그림으로 그린다.
② 교사가 준비한 파란말 판을 그 위에 찍는다.
③ 그림 위에 다음 '조건' 중 하나를 선택하여 해당하는 질문을 쓴다.
  ㄱ. 가장 기억에 남는 질문
  ㄴ. 친구의 대답으로 내 생각이 바뀐 질문
  ㄷ. 내가 만든 질문이 전체의 질문으로 선택되어 깊이 있게 이야기를 나눈 질문
  ㄹ. 내가 살아가면서 여러 번 생각해봐야 하는 질문
  ㅁ. 내가 만든 질문은 아니었지만 생각할 거리가 많다고 느낀 질문

배경을 그리게 하면 아이들이 어디에서 생각을 잠시 멈추고 깊게 생각했는지 알 수 있다. 특히 많은 장면 중 하나의 장면을 선택하여 그리는 것은 학생들이 하나에 몰입하여 깊게 사고하는 효과가 있다. 학생들이 심사숙고하여 장면을 골라 종이에 배경을 그렸다면 교사는 학생들의 질문에 가장 많이 등장한 주인공 파란파도를 찍을 재료를 준비한다. 파란파도는 종이를 파내어 만들고, 찍을 물감의 색깔이 이왕이면 형광빛이 도는 파란색이 좋겠다. 학생 모두에게 같은 소재를 하나씩 정해서 찍어 작품을 만든다면 같은 책을 읽었다는 소속감을 준다. 또한, 통일감을 주어 교실 뒤편에 게시하거나 묶어서 책으로 만들 때 보기에도 좋다.

2장

학습의 단계에 맞는
블룸 사고수준 질문법

블룸 사고수준 질문법이란?

　블룸(Bloom)의 신 교육목표 분류체계* 는 인지 과정을 기억, 이해, 적용, 분석, 평가, 창의의 6가지의 사고 수준으로 분류한다. 블룸 사고수준 질문법은 이 6가지의 사고 수준에 맞추어 질문하는 방법이다. 일반적으로 기억질문과 이해질문을 저차원적 사고를 자극하는 질문으로, 적용질문, 분석질문, 평가질문, 창의질문은 고차원적 사고를 자극하는 질문으로 구분한다. 기억질문, 이해질문, 적용질문, 분석질문, 평가질문, 창의질문은 질문에 해당하는 사고를 촉진하기 때문에 기초·기본 교육이 충실해지게 할 뿐만 아니라 비판적 사고능력, 의사소통능력, 협업능력, 창의력 등을 신장시켜 미래사회에 필요한 역량을 기르는 데 효과적이다.

　블룸 사고수준 질문법을 수업에서 활용할 때는 기억질문에서 시작하여 창의질문으로 한 단계씩 높여 질문을 한다. 기억질문은 학습자료를 읽거나 본 후에 정보를 회상하게 하는 질문이고, 이해질문은 알게 된 정보를 자신의 언어로 설명하게 하는 질문이다. 이 두 질문 유형은 학생들이 학습자료의 내용을 충분히 이해하게 하여 다음 단계의 질문과 관련된 사고 활동이 사실에 근거할 수 있도록 한다. 적용질문은 수업자료에서 얻은 정보를 자신의 상황에 적용하게 하는 질문으로 정보를 자신의 경험이나 사전지식과 연결짓게 한다. 분석질문은 학습자료 전체에 흩어져 있는 정보를

---

* 앤더슨과 크라스톨(Anderson & Krathwhol, 2001)이 블룸의 교육목표 분류체계를 수정·보완한 것임

조사하여 관련성을 살펴보게 하는 질문으로 원인과 영향 등 관련성을 도출하게 한다. 평가질문은 정보의 가치를 판단하게 하는 질문으로 자신의 기준에 따라 정보를 평가할 수 있게 한다. 창의질문은 알게 된 정보에 다른 정보를 결합하여 새로운 가치를 만들어내는 질문으로 새로운 문제 해결 방법을 제안하거나 새로운 이야기를 만들 수 있게 한다. 블룸 사고수준 질문법으로 수업을 설계할 때는 질문 유형별로 제시된 행동 용어와 행동 용어에 따른 주요 활동을 참고하면 도움이 된다.

사고수준별 질문

질문 유형	의미	행동 용어	주요 활동
기억질문	정보의 내용을 떠올리고 회상하게 하는 질문	기술한다, 찾아낸다, 열거한다, 선택한다, 연결한다 등	정의, 암기, 설명, 열거, 재현, 검토
이해질문	정보의 의미를 알고 자신의 언어로 바꾸어 설명하게 하는 질문	설명한다, 예를 든다, 요약한다, 분류한다 등	기술, 요약, 부연, 비교, 대조, 요지
적용질문	정보를 새로운 상황에서 사용하게 하는 질문	계산한다, 발견한다, 수정한다, 이용한다 등	적용, 분류, 예시, 증명, 해결, 변환, 제작, 도표, 차트
분석질문	정보를 작은 것으로 해체하여 조사하고 살펴보게 하는 질문	나눈다, 구별한다, 분리한다, 관련짓다 등	확인, 조사, 지지, 순서, 결론, 연역, 범주, 이유, 비교
평가질문	정보의 쓰임새와 가치에 대해 판단을 내리게 하는 질문	비판한다, 정당화한다, 점검한다, 결론을 내린다 등	판단, 의견, 입증, 주장, 결정, 평가
창의질문	정보를 다른 정보와 조합하여 새로운 가치를 만들어내게 하는 질문	산출한다, 구성한다, 편집한다, 수정한다 등	창안, 상상, 가정, 결합, 설계, 추정, 발명, 구성

전병규, 『질문이 살아나는 학습대화』, 교육과학사, 2016, p.165 인용 및 참고

그림책에 적용하는 블룸 사고수준 질문법

블룸 사고수준 질문법은 인간의 인지 과정인 기억, 이해, 적용, 분석, 평가, 창의 수준의 사고를 모두 할 수 있기 때문에 그림책을 적용해서 폭넓고 깊은 학습이 가능하게 한다. 또한, 질문의 유형에 따라 수업 방법을 다양하게 적용할 수 있어서 학생들의 흥미를 유발하고 즐겁게 수업을 할 수 있게 한다. 특히, 적용질문이나 분석질문은 토의 수업, 평가질문은 토론 수업, 창의질문은 프로젝트 수업 등으로 설계할 수 있다. 블룸 사고수준 질문법을 그림책에 적용할 때는 다음과 같이 활용하면 좋다.

기억질문 : 인물이나 사건에 대한 정보를 회상하게 하는 질문
이해질문 : 인물이나 사건을 자신의 언어로 설명하거나 요약하게 하는 질문
적용질문 : 인물이나 사건에서 얻은 정보를 자신의 상황에 적용해보는 질문
분석질문 : 인물의 행동과 사건에 원인과 영향, 공통점과 차이점 등과 관련된 정보를 조사하고 살펴보게 하는 질문
평가질문 : 인물의 행동에 대해 판단을 내리게 하는 질문
창의질문 : 인물과 관련하여 새로운 이야기를 만들거나 문제 해결 방안을 구상하는 질문

그림책은 글만 있는 책에 비해 글이 짧고 글과 그림이 상호보완적인 역할을 하므로 글과 그림을 꼼꼼하게 읽고 보아야 한다. 블룸의 6가지 질문 중 기억질문과 이해질문은 그림책의 글과 그림을 주의 깊게 읽고 관찰하

여 얻은 정보로 쉽게 만들 수 있다. 질문에 대한 답을 구할 때는 그림책에서 얻는 정보를 활용하지만, 적용질문부터 답을 구할 때는 그림책에서 얻은 정보와 함께 관련 있는 자신의 배경지식을 끄집어내어 연결짓는다. 교사는 학생들이 답을 할 때 그렇게 생각한 이유를 함께 말하게 하여 자신의 생각이 어디에 근거하고 있는지 명료화할 수 있도록 지도해야 한다. 그리고 발표를 통해 학생들의 다양한 생각을 연결시킴으로써 사고를 확장시키도록 조력한다.

블룸 사고수준 질문법은 다른 질문법에 비해 글과 그림에서 얻은 정보로 기억에서 창의수준까지 학습의 단계에 맞는 질문을 만들 수 있다는 장점이 있다. 즉 학생들이 만든 질문으로 인물이나 사건에 대한 정보를 이해하고 이를 바탕으로 인물과 인물과의 관계, 인물과 사건과의 관계를 분석하고 평가함으로써 더 나은 삶을 위한 방안을 찾아보는 학습 활동이 자연스럽게 이어질 수 있다. 이러한 경험은 학생들이 자신의 삶을 성찰하고 삶의 역량을 주도적으로 기르는 데 도움이 된다.

질문이 어떤 유형에 속하는지 구분하기 어려운 경우에는 학생들과 함께 논의하는 과정을 통해 유연하게 결정하고 질문을 만드는 목적이 사고의 확장을 위한 것임을 잊지 않아야 한다. 학생들이 만든 질문으로 답을 찾는 활동을 할 때는 내용의 이해를 위해 기억질문과 이해질문을 가능한 한 많이 다루도록 한다. 그렇지 않으면 그다음 단계의 질문들을 통한 적용, 분석, 평가, 창의 수준의 사고를 하는 데 어려움을 겪게 된다. 적용질문, 분석질문, 평가질문, 창의질문에 대한 답을 찾을 때는 사고할 시간이 더 많이 필요하므로 학생들과 질문을 선별해서 다루는 것이 좋고, 고차원적 사고를 요구하므로 개별학습보다는 모둠학습을 통해 다양한 관점에서 폭넓은 사고를 할 수 있도록 학습환경을 조성한다. 블룸 사고수준 질문법은 그림만으로 구성되었거나 은유와 상징이 지나치게 많은 그림책은 적용이 어려우므로 선정에 유의해야 한다.

『눈보라』를 소개합니다

『눈보라』는 친환경 재생지로 제작된 책으로 앞표지에는 후미진 뒷골목의 쓰레기 수거함을 뒤지는 북극곰의 뒷모습이 그려져 있다. 쓰레기 수거함 안쪽으로 몸을 깊숙이 숙이고 있는 북극곰의 뒷모습에서 굶주림으로 먹이를 찾는 절박함이 묻어나지만, 오른쪽에 세워진 '북극곰 출입금지' 표지판은 북극곰이 환영받지 못하는 장소에 와 있음을 알려준다. 표지와 면지를 넘기면 녹아가는 좁은 빙하 위에서 위태위태하게 서 있는 북극곰이 보인다.

강경수 글·그림 | 창비

밤하늘의 별을 배경으로 하얗고 빛나는 털을 가지고 위풍당당하게 서 있는 북극곰은 눈보라가 몰아치던 날 태어나서 '눈보라'라고 이름 지어졌다. 세월이 흘러 지구 온난화로 빙하가 녹아 먹을 것을 찾을 수 없었던 '눈보라'는 굶주림을 견디지 못하고 마을로 내려온다. 쓰레기 수거함을 뒤지며 먹을 것을 찾던 '눈보라'의 눈에 자신과 비슷하게 생겼지만 사람들에게 환영받는 판다의 사진이 들어온다. 그때 '눈보라'를 발견한 사람들이 고함을 지르고 돌을 던지며 '눈보라'를 쫓는다. 사람들을 피해 간신히 도망을 친 '눈보라'는 검은 흙을 몸에 발라 판다로 변신하기로 결심한다. 그렇게 판다로 변신한 북극곰은 마을 사람들에게 환대와 돌봄을 받지만, 얼마 지나지 않아 정체가 탄로 나고 만다. 속았다고 생각한 사람들은 '눈보라'를 향해 총을 쏘고 '눈보라'는 하얀 눈보라 속으로 사라져 버린다.

『눈보라』는 북극곰의 삶의 터전인 빙하를 녹게 해서 해를 끼친 사람들이 생존을 위해 마을로 내려온 북극곰을 향해 인간을 해치려고 한다고 내쫓는 이야기다. 기후 위기의 문제뿐만 아니라 자신의 이익에 따라 상대를 대하는 방식이 달라지는 사람들의 편견과 차별을 풍자하는 등 여러 가지 의미를 담고 있다. 인물과 사건에 대한 풍부한 정보가 있는 그림책은 단순한 수준에서 복잡한 수준까지 다양한 생각거리를 제공하므로 블룸 사고수준 질문법을 활용하기에 적합하다. 기억질문과 이해질문을 쉽게 만들 수 있게 할 뿐만 아니라 정보들의 관련성을 분석 및 평가하고 더 나은 방안을 제안하는 질문을 만들고 탐구하는 데 도움을 줄 수 있다.

수업을 시작합니다

질문 주사위 놀이

각 면에 블룸의 6가지 사고수준 질문 유형과 이끔말이 적힌 주사위를 던져서 해당 면에 적힌 유형의 질문을 만드는 놀이이다. 해당 질문을 만들면 해당 질문에 맞는 점수를 획득하고, 최종 합계 점수가 많은 팀이 승리한다.

〈놀이 방법〉

준비물 : 모둠별 질문 주사위, 활동지

① 4인 모둠에서 2명씩 짝을 지어 A, B팀으로 나눈다.
② A팀의 한 사람이 질문 주사위를 굴린다.
③ B팀은 굴린 주사위에서 나온 질문 유형의 이끔말로 질문을 만든다.
④ 질문 유형에 맞는 질문을 만들면, 해당 질문의 점수를 획득한다.(질문을 만들 때의 난이도를 고려하여 기억·이해질문은 1점, 적용·분석질문은 2점, 평가·창의질문은 3점을 준다)
⑤ 활동 시간은 10분 내외로 하고, 많은 점수를 획득한 팀이 승리한다.

학생들이 질문법에 더 익숙해지게 하기 위해서 '우리 학교'를 주제로 '질문 주사위 놀이'를 했다. 먼저, A팀이 주사위를 던져 평가질문이 나왔다. B팀은 '우리 학교의 장점은 무엇일까?'라는 평가질문을 만들어 3점을 얻었다. 다음으로 B팀이 주사위를 던져 기억질문이 나왔다. A팀은 '우리 학교의 이름은 무엇인가?'라는 기억질문을 만들어 1점을 얻었다. 이런 식으로 블룸 사고수준 질문법에 따른 질문 만들기를 반복하며 체득해 나가도록 했다.

질문 주사위

'질문 주사위 놀이'로 질문 만들기

다음에 나오는 활동지를 보면 A, B 두 팀이 어떻게 질문 주사위 놀이를 했는지 알 수 있다.

질문 주사위 놀이 활동지

질문 유형	A팀(김○○, 박○○)	B팀(이○○, 최○○)
기억질문 (1점)	- 우리 학교의 이름은 무엇인가? - 우리 학교가 어느 동에 위치하고 있는가?	
이해질문 (1점)	- 우리 학교 화단의 꽃들을 예로 들어본다면 무엇일까?	- 우리 학교를 설명한다면 어떻게 할까?
적용질문 (2점)		
분석질문 (2점)		- 우리 학교가 좋은 학교인 이유는 무엇일까? - 우리 학교와 ○○중학교의 공통점과 차이점은 무엇일까?
평가질문 (3점)	- 우리 학교 학생의 장점은 무엇일까?	- 우리 학교의 장점은 무엇일까? - 우리 학교는 좋은 학교인가?
창의질문 (3점)	- 우리 학교가 좋은 학교가 되기 위해서 무엇을 해야 할까?	
총점	9점	11점

'눈보라'를 읽고 블룸 사고수준 질문법을 활용하여 질문 만들기

모둠별로 그림책을 한 권씩 나눠주고 희망하는 학생이 '눈보라'를 모둠원들에게 읽어주게 한다. 그림책 내용과 관련한 6가지 사고수준 질문을 만들게 하고 질문을 만들기 어려워하는 학생들은 질문 주사위 놀이에서 활용한 이끔말로 질문을 만들게 한다.

① '블룸 사고수준 질문 유형' 모둠 활동지와 포스트잇을 나눠준다.(포스트잇은 1인당 6장씩)
② 모둠별로 '눈보라' 그림책을 읽는다.
③ 6가지 사고수준 질문을 만들고 포스트잇 1장에 1개 질문을 적는다. 제한 시간을 두되, 6가지의 질문을 모두 만들지 않아도 된다는 것을 안내한다.
④ 질문 포스트잇을 질문 유형에 맞게 모둠 활동지에 붙인다.

블룸 사고수준 질문 유형 모둠판

⑤ 작성한 질문이 6가지의 사고수준 질문이 맞는지 검토하고 유형별로 모둠 질문을 한가지씩 선정한다.
⑥ 6가지의 모둠 질문을 B4 종이에 각각 적고 칠판에 붙인다. 활동 시간은 20분 내외로 한다.

'냄새나는 발' 놀이로 질문 유형 구별하기

'냄새나는 발 놀이'(Stinky feet)*는 게임에서 이긴 팀이 냄새나는 발 그림 옆에 붙은 포스트잇을 선택하고, 그 포스트잇 뒷면에 적힌 점수를 획득해서 총점이 많은 팀이 이기는 놀이이다. 포스트잇에 좋은 점수와 안 좋은 점수가 다양하게 섞여 있기 때문에 게임에서 이긴 팀이 반드시 좋은 점수를 가져가는 것은 아니다.

〈놀이 방법〉

준비물 : 모둠활동판, 포스트잇

① 냄새나는 발 그림을 칠판에 붙인다.
② 모둠별로 포스트잇 6장을 나누어준다.
③ 포스트잇의 뒷면에 3장은 좋은 점수를, 3장은 안 좋은 점수를 쓴다.(예: +50, +30, +10, -10, -30, -50 등)
④ 점수를 적은 포스트잇을 '냄새나는 발' 그림 주변에 섞어 붙인다. 교사가 한 번 더 섞어 붙인다.
⑤ 교사가 칠판에 있는 블룸의 질문 중 기억질문들을 가리키며 적절하게 만들었는지 질문한다.

---

* 허승환, 『허쌤의 수업놀이』, 꿀잼교육연구소, 2017, p.326 참고

⑥ 학생들은 모둠원과 상의한 후 모둠판에 적절하게 만든 모둠명을 적고, 교사의 '하나, 둘, 셋' 신호에 맞추어 동시에 모둠판을 들어 올린다.

⑦ 질문을 제대로 만든 모둠명을 맞춘 모둠은 '냄새나는 발' 그림 옆의 포스트잇을 선택해서 가져가고, 포스트잇 뒷면 적힌 점수를 '블룸 사고수준 질문 유형' 모둠 활동지의 점수란에 적는다. 좋은 점수를 가져갈 자신이 없으면 모둠에서 상의하고 나오지 않아도 된다.

⑧ 질문 유형에 맞지 않는 질문은 그 이유를 학생들과 나누고 해당 질문 유형으로 옮긴다.

⑨ 이해~창의질문에 대해서도 ⑤~⑧의 과정을 반복한다.

교사	(칠판을 가리키며) 6가지 질문 유형에 맞게 모둠별로 만든 질문들입니다. 6가지 질문 유형에 맞는지 냄새나는 발 놀이로 확인해 봅시다. 먼저 모둠별로 만든 기억질문이 적절하게 만들어졌는지 보세요. 제대로 만든 모둠명을 모둠판에 적어 하나, 둘, 셋 하면 올려주세요. 모둠별로 협의할 시간을 잠깐 주겠습니다.
학생	(모둠원들과 협의한 후 모둠명을 모둠판에 적는다)
교사	다 적었나요? 모둠판을 올려주세요. 하나, 둘, 셋!
교사	(모둠판을 확인하며) 1, 2, 3, 5, 6모둠은 여섯 모둠이 만든 질문이 모두 기억질문이라고 답을 했는데, 4모둠은 2모둠이 만든 '북극곰이 마을에 내려간 이유는 무엇이었나요?'가 기억질문이 아니라고 생각하고 있네요. 왜 그렇게 생각하나요?
4모둠	정보를 자신의 언어로 바꾸어 설명하게 하는 질문인 이해질문이라고 생각했어요.
교사	4모둠의 생각을 듣고 다른 모둠은 어떻게 생각하나요?

2모둠   그림책을 보면 '눈보라는 먹을 것을 구하러 인간들이 사는 마을로 갔습니다'라는 문장이 나오기 때문에 그림책의 내용을 회상하는 기억질문이 맞다고 생각합니다.

냄새나는 발

블룸 사고수준 질문 – 대화 나누기

활동 1. 기억·이해질문으로 그림책 내용 이해하기

칠판의 기억질문과 이해질문을 유목화하고 그림책 내용의 흐름을 고려하여 질문의 순서에 따라 질문의 위치를 이동시킨다. 질문의 순서에 따라 교사가 질문하고 학생들이 답을 한다.

[기억질문]

교사 북극곰의 이름은 무엇이었나요?

학생 눈보라입니다.

교사 북극곰의 이름이 눈보라인 이유는 무엇인가요?

학생 눈보라가 몰아치던 날 태어났어요.

교사 네. 눈보라가 치는 몹시 추운 날이었나 보네요. 그런데 북극곰이 마을에 내려간 이유는 무엇이었나요?

학생 먹을 것을 구하러 갔어요.

    교사가 칠판에 있는 모둠이 만든 기억질문을 묻고 학생들이 답을 하면서 그림책의 내용을 꼼꼼하게 파악했다. 모둠이 만든 기억질문 이외에도 내용 파악에 도움이 되는 기억질문이 있다면 교사가 추가하여 발문하는 것도 좋다.

[이해질문]

교사 북극곰이 마을로 오게 된 경위를 요약해볼 학생 있나요?

학생 날씨가 따뜻해져 빙하 녹으면서 사냥을 못한 북극곰이 배가 고파서 마을로 내려오게 되었어요.

교사 빙하가 얼지 않으면 북극곰은 왜 굶주리나요?

학생 북극곰의 먹이인 바다표범을 잡을 수가 없기 때문이에요.

교사 그렇군요. 마을에 내려온 북극곰에 대해 마을 사람들은 어떻게 생각했나요?

학생 싫어했어요.

칠판에 있는 모둠이 만든 이해질문으로 그림책 내용의 흐름에 따라 교사가 질문을 하고 학생들이 답을 하며 그림책의 내용을 충분히 이해하게 되었다.

활동 2. 적용·분석·평가질문으로 사고의 폭과 깊이 넓히기

칠판에 있는 적용질문, 분석질문, 평가질문들을 유사한 질문이 있는지 확인하고 유목화한다.

[적용질문 : 롤링페이퍼 토의]

6개 모둠이 만든 적용질문 중 토의하고 싶은 질문을 4개 선택하고, 모든 모둠이 4개 질문으로 롤링페이퍼 토의를 한다. 자신의 경험이나 알고 있던 지식과 관련된 질문이므로 답을 적을 때는 상황과 이유를 구체적으로 적는다. 모둠원의 롤링페이퍼가 왔을 때 질문에 대한 자신의 생각을 적을 뿐만 아니라 다른 모둠원의 글을 읽고 댓글을 달아도 된다.

〈선택된 적용질문〉
1. 내가 북극곰이라면 판다로 변장하는 것을 선택했을까?
2. 내가 북극곰처럼 사람들에게 미움을 받는다면 어떻게 할까?
3. 마을 사람들처럼 겉모습만 보고 판단한 적이 있는가?
4. 눈보라가 판다를 따라 한 것처럼 다른 친구를 따라 한 경험이 있는가?

〈모둠 토의 내용〉
적용질문. 내가 북극곰처럼 사람들에게 미움을 받는다면 어떻게 할까?
학생1   처음에는 사람들이 나를 왜 싫어하는지 이유를 들을 것이다. 나

	를 싫어하는 이유가 내 잘못이라면 수용하고 바꾸겠지만 납득이 되지 않는다면 굳이 그 미움을 없애려 하지 않을 것 같다.
학생 2	스스로 미움을 받는 이유를 찾을 것이다. 만약 나의 잘못된 행동에 의한 것이라면 고치도록 노력할 것이지만 어쩔 수 없는 것이라면 고치지 않을 것이다. 상대방의 시선에 의해 자신에게 불필요한 변화를 주는 것은 바람직하지 않다.
학생 3	먼저 내가 미움을 받는 이유를 생각해볼 것이다. 내가 미움받을 행동을 했다면 고칠 것이다. 그러나 만약 그런 행동을 하지 않았다면 나를 미워하지 않고 나를 좋아해 주는 사람들과 행복해질 것이다.
학생 4	책에서 북극곰은 도움을 받고 관심을 받기 위해 판다로 변장했다. 나도 그런 상황이 온다면 결국에는 내 본연의 성격보다는 다른 사람들이 원하는 성격에 맞춰갈 것 같다. 현실이지만 이렇게 해야 다른 사람들과 어울리며 사회생활을 할 수 있을 것 같기 때문이다.

적용질문으로 눈보라의 문제가 자신의 문제가 되었을 때 학생들이 더 진지하게 고민한다는 것을 확인할 수 있었다. 학생들은 자신이 중요하게 생각하는 가치에 따라 적용질문의 답을 말했는데 자신의 정체성을 지키기 위해 변장하지 않겠다는 의견도 있었지만, 생존의 문제이기 때문에 변장을 선택했을 것이라는 의견이 더 많았다. 적용질문에 대한 롤링페이퍼 토의의 결과를 발표할 때는 질문마다 두세 개 모둠을 발표하게 하고 발표한 내용과 다른 내용이 나온 모둠이 있으면 추가 발표하게 했다.

[분석질문]

교사   마을 사람들이 판다는 좋아하고, 북극곰을 싫어하는 이유가 있을까요?

학생 1   네. 북극곰은 사나운 포식자 이미지가 강해서 싫어하고 판다는 대나무를 좋아하는 채식동물로 귀엽고 온순한 이미지가 있어서 좋아하는 것 같아요.

학생 2   북극곰은 북극 마을에서 흔하게 볼 수 있지만, 판다는 그 마을에서 한 번도 보지 못한 신기한 동물이기 때문에 판다를 더 좋아하는 것 같아요.

교사   마을 사람들은 자기에게 이롭거나 신기한 동물은 좋아하고 그렇지 않으면 싫어한다는 거네요. 이런 생각은 당연한 거 아닌가요?

학생 3   그건 옳지 않은 것 같아요. 북극곰의 입장에서는 매우 억울할 것 같아요. 마을에 내려온 것도 지구 온난화 때문이잖아요.

6개 모둠이 만든 분석질문으로 전체 학생과 질문하고 대답하는 활동을 했다. 학생들은 북극곰과 마을 사람들의 생각과 행동을 분석하며 양쪽 모두 이유 있는 행동을 하고 있다고 했다. 북극곰이 마을로 내려오게 한 원인이 지구 온난화로 빙하가 녹았기 때문이므로 사람들에게 그 책임이 있다고 주장했다.

[평가질문 : 찬반 토론]

6개 모둠이 만든 평가질문 중 토론하고 싶은 질문을 전체 학생과 3개 선택하고, 6개 모둠 중 2개의 모둠이 같은 평가질문으로 토론하게 한다. 토론할 질문은 모둠에서 결정하고 정해진 평가질문에 대해 각자 찬성, 반대, 중립 중 자신의 입장을 정하고 이유와 근거를 포스트잇에 적는다. 모둠원들이 돌아가며 자기주장을 한 후 궁금한 점이나 반박할 점은 질문하여 자기 생각을 정리한다.

〈선택된 평가질문〉
1. 눈보라가 판다로 변장하기로 선택한 것은 정당한가?
2. 배고픈 북극곰에게 총을 쏘며 내쫓은 사람들의 행동은 옳은가?
3. 마을 사람들이 북극곰과 판다를 차별하는 것은 정당한가?

〈모둠 토론 내용〉

평가질문. 눈보라가 판다로 변장하기로 선택한 것은 정당한가?		
그렇지 않다	중립	그렇다
- 북극곰이 자신의 이익을 위해 판다인 척해서 사람들을 속인 것이다.	- 사람들은 자신의 이익을 위해 북극곰을 몰아내려 했고 북극곰은 자신의 이익을 위해 판다로 위장해서 먹을 것을 얻으려 했다 양쪽 모두 자신의 이익을 위해 행동한 것이다.	- 생존을 위해 먹을 것을 구하기 위한 행동이었다. - 굶어 죽을 위기를 변장으로 먹을 것을 얻을 수밖에 없었다. - 북극곰의 상황을 이해하려고 하지 않는 이기적인 사람들의 행동을 볼 때 변장은 북극곰이 생존하기 위한 최선의 선택이었다.

활동 3. 창의질문으로 더 나은 세상을 그려보기

창의질문은 그림책 내용에서 찾은 문제를 해결하는 방안을 찾거나 뒷이야기를 상상하는 등 아이디어를 만들어내는 질문이다. 모둠이 만든 창의 질문을 유목화하고 문제 해결 방안을 찾는 질문은 전체 학생과 질의응답으로 함께 답을 찾고, 뒷이야기 구상하기와 관련된 질문은 콜라주 기법을 이용하여 자기 생각을 표현하게 하는 독후활동으로 이어지게 한다.

〈문제 해결 방안 찾기 질문〉
1. 북극곰과 사람들이 공존하는 방법은 무엇인가?
2. 북극곰과 인간이 공존하는 방법은 무엇일까?
3. 북극곰이 사는 빙하가 녹지 않게 하려면 무엇을 해야 할까?
4. 북극곰이 먹이를 찾아 마을까지 내려오지 않게 하려면 무엇을 해야 할까?
5. 나다움을 지키며 친구들과 잘 지낼 수 있는 방법은 무엇일까?

〈뒷이야기 상상하기 질문〉
6. 눈보라 속으로 사라진 눈보라는 어떻게 될까?

교사	북극곰이 사는 빙하가 녹지 않게 하려면 무엇을 해야 할까요?
학생 1	플라스틱 컵보다는 머그컵을 사용합니다.
학생 2	배달을 시킬 때 일회용 수저를 받지 않는 등 일회용품 사용을 줄여요.
학생 3	분리수거를 철저히 하고 재활용해요.
학생 4	가까운 곳은 걸어 다니고 에너지 사용을 줄여요.

학생들은 빙하가 녹지 않는 방법에 대해서 개인이 할 수 있는 작은 실천

에서부터 정부가 해야 하는 정책까지 다양한 방안을 알고 있었다. 환경 문제는 실천이 중요하므로 학생들이 제시한 방법들이 생활습관으로 체득되는 것이 중요하다는 점을 강조했다.

교사	나다움을 지키며 친구들과 잘 지낼 수 있는 방법은 무엇일까?
학생 1	내가 무엇을 좋아하고 싫어하는지 솔직하게 표현해요.
학생 2	친구의 생각도 인정해주고 제 생각도 인정해주는 태도가 필요해요.
학생 3	내가 원하는 것과 친구가 원하는 것을 잘 협상하면 돼요.
학생 4	서로 관심사가 같을 수도 있고 다를 수도 있다는 것을 이해해야 해요.

대부분의 학생은 자신과 타인이 다르다는 것을 인정하고 서로 존중하는 마음가짐이 되어 있다면 친구들과 잘 지낼 수 있다고 했다. 또한, 가끔 하고 싶지 않지만 친구 관계 유지를 위해 친구의 요구를 들어주는 경우도 있는데 너무 싫은 일이 아니면 들어주는 것이 나다움의 표현이라고 말하기도 했다.

교사	눈보라 속으로 사라진 '눈보라'는 어떻게 될까?
학생 1	굶어서 죽었을 것 같아요.
학생 2	착한 사람들이 사는 마을에 가서 배불리 음식을 먹었을 거예요.
교사	네, 다양한 상상이 가능할 거 같아요. 눈보라의 뒷이야기를 상상해볼까요?

『눈보라』 그림책이 재생 용지로 만들어졌다는 점과 창의질문인 '북극곰이 사는 빙하가 녹지 않게 하려면 무엇을 해야 할까요?'에 '분리수거를 철저히 하고 재활용해요.'라고 학생들이 답한 점을 상기시키고 뒷이야기 상상하기 활동을 버려지는 택배 상자(B5 크기 4장)나 재생용지를 이용하여 콜라주로 표현하게 했다.

학생들은 북극곰과 인간의 공존, 환경과 지속 가능한 발전 등을 주제로 이야기를 구성했고 빙하가 녹지 않도록 사람들의 행동 변화가 문제 해결을 위해 선행되어야 한다는 내용을 콜라주에 담았다.

학생들이 만든 콜라주

눈 속에 파묻힌 눈보라는 하얀색의 북극곰이었기 때문에 사냥꾼의 눈에 잘 띄지 않았다는 점을 깨달았습니다. 사람들의 관심을 받기 위한 자신의 행동을 후회하고 앞으로 나답게 살자고 결심합니다. 한편, 마을 사람들은 눈보라가 원한 것은 먹을 것이라는 것을 깨닫고 북극곰과 공존할 수 있는 방안을 실천하게 되었습니다.

3장

단계별 연상 키워드가 있는
QAR 질문법

QAR 질문법*이란?

　QAR(Question-Answer Relationship)은 라파엘의 질문-대답 관계 모형을 의미하는데, 라파엘(Raphael)이 피어슨과 존슨(Pearson & Johnson)이 제시한 질문 분류 방법을 근거로 하여, 학생들의 읽기 능력 향상을 위해 고안한 질문법이다. 이 질문법의 특징은 단계별 질문을 만들기 위해 핵심 키워드를 사용한다는 점이다. 즉, 질문을 만들 때 답이 어디에 있는지를 생각해서 그 답이 있는 곳을 떠올릴 수 있는 연상 키워드를 제시한다. 질문과 대답의 관계를 나타내는 연상 키워드를 통해 질문의 특성을 이해하고 그에 따라 질문을 찾는 방법이다.

　QAR의 질문은 먼저 '책 속에서'와 '머릿속에서'라는 두 개의 연상 키워드에서 출발한다. 모든 질문의 답은 '책 속'에 있거나 '내 머릿속'에 있다. 독자는 글과 그림을 읽고, 질문에 대한 답을 책 속에서(In The Text) 찾을 것인지, 머릿속에서(In My Head) 찾을 것인지를 선택한다. 질문에 대한 답이 책 속에 있다면, 그 답은 책 속의 특정 위치인 '바로 거기에(Right there)' 직접적으로 드러나 있거나, 책의 페이지를 넘기며 좀 더 깊이 '생각하고 탐색(Think and search)'해서 찾을 수 있다. 또, 질문에 대한 답을 '머릿속에서' 찾는 경우, 머릿속에 있는 답은 나의 경험, 선행 지식과 책 속 내용을 근거

---

* 　심대현 외, 『질문이 있는 교실 실천편』, 한결하늘, 2016, pp.160-161. 인용 및 참고
　오승민, 정진우 외, QAR 전략이 초등학교 5학년 학생의 과학적 태도에 미치는 영향, 대한지구과학교육학회, 2016, pp.124-125. 참고

로 하여 작가와 나 사이에(Author and you) 있거나, 내 지식과 경험을 바탕으로 나 자신에게(On my own) 있다.

이를 바탕으로 QAR 질문은 다음 4단계로 구분할 수 있다.

1단계 바로 거기에(Right there) 질문

독자가 책을 읽고 글과 그림에서 질문에 대한 답을 쉽게 찾을 수 있는 질문을 말한다. 즉, 사람이나 장소, 사건 등에 대한 사실을 확인하기 위한 질문으로 답이 질문과 같은 문장이나 바로 앞뒤의 문장에 있다. 육하원칙이나 단어, 문장의 의미 또는 글의 내용을 바르게 이해하고 있는지를 묻는 질문이 이에 해당한다.

〔예시〕 등장하는 인물은 누구인가?
　　　　그 일은 언제, 어디에서 일어났는가?
　　　　등장인물이 본 것, 들은 것, 말한 것, 한 일은 무엇인가?
　　　　~이란 무엇인가?
　　　　~이란 낱말의 뜻은 무엇인가?

2단계 생각과 탐색(Think and search) 질문

책의 글과 그림에 답이 있으나, 직접적으로 나타나 있지 않은 질문이다. 제시된 여러 가지 내용과 정보의 관계를 생각하고 탐색하여 답을 찾을 수 있는 질문이다. 즉, 질문과 답에 사용되는 단어가 문장이나 단락 또는 책의 여기저기에 흩어져 있어서 답을 찾으려면 책의 정보와 내용을 파악하고 이해해야만 한다. 원인과 결과, 비교, 대조 등 내용을 분석하는 질문이나 텍스트 안에서 추리 또는 상상할 수 있는 질문이 2단계의 질문이다.

〔예시〕 왜 그 일이 일어났는가?
　　　　일어난 일의 결과는 무엇인가?
　　　　인물의 성격은 어떠한가?
　　　　제시된 근거나 사례는 무엇인가?
　　　　등장인물이나 대상의 공통점, 차이점은 무엇인가?
　　　　등장인물 A는 왜 그렇게 행동했을까?

3단계 작가와 나 사이에(Author and you) 질문
　글과 그림에서 답을 찾을 수 없고 학생 자신의 머릿속에서 스스로 생각하여 답을 찾는 질문이다. 즉, 행간에 숨겨진 의미와 작가가 전달하고자 하는 바를 자신의 배경지식이나 경험, 책 속의 근거를 활용해서 찾아야 한다. 책에 대한 논평이나 작가에게 묻는 질문이 이에 해당한다.

〔예시〕 작가의 주장은 타당한가?
　　　　작가가 제시한 이유나 근거는 과연 참(또는 거짓)일까?
　　　　작가가 하고 싶은 말은 무엇일까?
　　　　작가는 왜 이 그림(사진, 그래프 등)을 제시했을까?
　　　　작가의 숨은 의도나 주제는 무엇일까?
　　　　작가의 의도나 생각에 공감하는가?

4단계 나 자신에게(On my own) 질문

3단계와 같이 책에서 답을 찾을 수 없으며, 독자가 자신의 머릿속에서 답을 찾는 질문을 말한다. 따라서 글을 읽지 않아도 답을 할 수 있으나 반드시 추론을 통해 생각이나 의견이 드러날 수 있어야 한다. 나와 우리의 삶, 사회와 세상에 대한 질문이 바로 4단계에 해당한다.

〔예시〕 글을 읽고 어떤 느낌이 들었는가?
　　　　만약 나라면 어떻게 했을까?
　　　　이 책에 대한 나의 생각이나 의견은 무엇인가?
　　　　책 속의 사건에 대한 나의 대안이나 해결책은 무엇인가?
　　　　~은 나의 삶이나 우리 사회에 어떤 의미가 있을까?

그림책에 적용하는 QAR 질문법

라파엘의 QAR은 책을 읽고 다양한 질문을 만들어봄으로써 학생들의 읽기 능력을 향상시키기 위한 목적으로 고안된 방법이다. 그림책은 비교적 짧고 단순한 서사로 학생들이 읽기 쉬우면서도, 소설이나 동화처럼 누가(인물), 어디에서(배경), 무엇을 했는지(사건)의 구조를 갖고 있어서 QAR의 단계별 질문으로 읽기 능력을 기르는 데 매우 효과적이다.

QAR은 그림책을 읽고 질문으로 생각을 나누기에 매우 적합하며 그림책의 모든 장면에서 QAR의 질문을 쉽게 찾을 수 있다. 그림책의 내용이나 난이도 또는 학생들의 관심과 이해도에 따라 여러 단계에 걸쳐 다양한 질문을 만들 수도 있다. 예를 들어, 책에서 답을 찾는 1~2단계의 질문을 중심으로 그림책을 읽을 수도 있고, 머릿속에서 답을 찾는 3~4단계의 질문을 위주로 그림책을 읽을 수도 있다. 또한, 사고력이 확장되는 시기의 고학년 학생들과는 '4단계 나 자신에게 질문하기'의 방법으로 깊이 있는 토론과 글쓰기 수업도 가능하다.

 QAR은 질문과 대답의 관계를 바탕으로 4단계의 질문을 연상할 수 있는 키워드를 제시한다. 책 속에서 답을 찾을 수 있는 '바로 여기에, 생각과 탐색'의 1~2단계와 책을 읽는 독자의 머릿속에서 답을 찾는 '작가와 나 사이에, 나 자신에게'의 3~4단계 키워드는 학생들이 QAR 질문법을 좀 더 쉽게 이해하고, 오래 기억할 수 있게 해준다. 또한, 비교적 쉽고 단순한 1단계 질문에서부터 삶에 적용하고 확장하는 4단계 질문까지 다양하고 체계적인 질문을 통해 학생들은 사고와 추리, 문제 해결력, 비판력, 창의력 등의 고등 정신 능력을 함양할 수 있다.

『알바트로스의 꿈』을 소개합니다

 이 책은 너무나 크고 무거운 날개를 갖고 있어서 한 번도 날아 보지 못하고 '바보새'라 불리는 알바트로스의 이야기다. 작가는 꿈을 찾아 길을 걷는 알바트로스를 통해 우리 삶의 태도에 대해 진지한 질문을 던진다. 알바트로스는 자유롭게 창공을 날아다니는 새들처럼 언젠가 자신도 하늘 높이 날아오르리라는 꿈을 갖고 있다. 더 높이 날아오르기 위해 홀로 길을 걷다가 친구를 만나 함께하며 든든함을 느끼기도 하지만, 발을 헛디뎌 절벽 아래로 곤두박질치기도 한다. 포기하지 않고 다시 산에 오른 알바트로스는 산의 꼭대기, 거센 바람 앞에서 목숨을 건 선택의 순간을 맞이한다. 마

신유미 글·그림 | 달그림

침내 바람을 타고 날개를 펼친 알바트로스는 나무와 꽃향기가 가득한 곳, 꿈과 같은 곳에 닿게 된다.

날지 못하던 알바트로스가 자신의 한계와 단점을 극복하고 꿈을 품고 날아오르기까지의 과정은 QAR 단계별 질문으로 깊이 탐색하며 이야기를 나누기에 적합하다. 먼저, QAR의 1단계 '바로 여기에' 질문을 통해 알바트로스의 상황과 겪었던 일 등에 대해 구체적인 사실을 확인하고, 2단계 '생각과 탐색' 질문으로 알바트로스가 꿈을 찾는 과정에서 겪는 일과 이유를 분석하여 깊게 이해할 수 있다. 3단계 '작가와 나 사이에' 질문을 통해 작가의 의도와 그림책의 주제를 파악할 수 있으며, 4단계 '나 자신에게' 질문으로 고난을 이겨내고 꿈을 찾은 새의 모습을 보며 삶에 적용하고 성찰할 수 있다.

수업을 시작합니다

QAR 키워드 빙고

4인 모둠에서 2명씩 한 팀이 되어 진행한다. QAR의 단계별 연상 키워드가 적힌 막대를 뽑아 그 막대의 키워드가 몇 단계에 해당하는지를 말하며, QAR 키워드 막대를 많이 모으는 팀이 승리하는 놀이다. 놀이 전에 QAR의 기본 개념과 특징, 단계별 키워드를 안내한 후 놀이를 진행한다.

〈놀이 방법〉

준비물 : (모둠별) 라벨지, 아이스크림 막대 28개, 키워드 낱말카드, 긴 통

① QAR의 1~4단계 키워드 낱말카드 24장(단계별 6장*4단계)과 특수 낱말카드 4장의 총 28장의 작은 낱말카드를 라벨지에 출력한다. 1~4단계의 키워드 낱말과 특수 낱말카드를 아이스크림 막대에 붙인다. 특수 낱말카드 4장(폭탄 2장, 바꿔바꿔 2장)의 활용은 다음과 같다.

- 폭탄 : 키워드가 없는 무의미한 카드
- 바꿔바꿔 : 상대 팀의 키워드 막대와 바꿀 수 있고, 1회만 사용 가능하다. 단, 상대 팀의 키워드 막대는 무작위로 뽑아야 한다.

② 긴 통에 키워드가 보이지 않게 모든 키워드 막대를 넣는다.
③ 순서를 정하여 A와 B팀이 교대로 키워드 막대를 뽑는다.
④ 뽑은 팀은 막대에 적힌 키워드가 몇 단계의 키워드인지 말한다.
⑤ 정답이면 막대를 갖고, 오답이면 상대 팀으로 기회가 넘어가며, 상대 팀도 맞추지 못했을 때는 다시 통에 넣는다.
⑥ 특정 단계의 막대를 5개 이상 먼저 모은 팀은 "빙고"를 외칠 수 있고, 그 팀이 최종 승자가 된다.

⑦ 긴 통의 막대가 모두 소진되면 키워드 뽑기는 종료되고, 키워드 막대를 더 많이 모은 팀이 승리한다.

QAR 키워드 낱말카드 예시

1단계	2단계	3단계	4단계
책 속에서 (이야기와의 만남)	책 속에서 (이야기와의 만남)	머릿속에서 (작가와의 만남)	머릿속에서 (나와의 만남)
바로 거기에	생각과 탐색	작가와 나 사이에	나 자신에게
한눈에 찾기	생각하며 찾기	내 지식과 경험 (책 속 근거)	내 지식과 경험 (내 힘으로)
사실 확인	내용 분석	행간 읽기	내 생각과 의견
육하원칙	원인과 결과	평가와 논평	글 속에 없다
단어와 문장의 내용	비교, 대조, 상상	작가에 대한 질문	나의 삶과 우리 사회
💣	💣	바꿔바꿔	바꿔바꿔

QAR을 통한 그림책 깊이 읽기

먼저, 『알바트로스의 꿈』의 표지를 살펴본다. 표지를 보며 1단계 '바로 여기에' 질문으로 이야기를 나눈다. 수업 과정에서 QAR 질문이 반드시 순차적으로 진행되는 것은 아니다. 그러나 도입 단계에서는 학생들이 흥미를 갖고 참여할 수 있도록 답변이 쉬운 1단계 질문으로 시작하는 것이 좋다. 먼저 교사가 1단계 질문으로 시범을 보이고 책에서 쉽게 답을 찾을 수 있는 육하원칙, 단어의 의미 등을 묻는 예시 문장을 안내한 다음, 1단계 질문을 만들어보게 한다.

교사   (제목을 가리고) 표지에 무엇이 있나요? 〔QAR-1 : 바로 거기에〕
학생1   새가 있습니다.
학생2   높은 낭떠러지와 나무 같은 게 보여요.
교사   표지에 등장하는 새는 무슨 새일까요? 〔QAR-1 : 바로 거기에〕
학생들   백조, 두루미, 황새?
교사   (제목을 보여주며) 제목을 볼까요? 이 책의 제목은 『알바트로스의 꿈』이군요. 그렇다면, 이 새의 이름은 뭘까요? 〔QAR-1 : 바로 거기에〕
학생들   알바트로스입니다.
교사   지금까지 선생님의 질문에 대답할 때 여러분은 무엇을 보았나요?
학생들   표지를 보았어요.
교사   네, 표지에 있는 제목과 그림을 보고 바로 대답할 수 있었죠? 1단계 '바로 거기에' 질문에 여러분이 대답한 것입니다. 여러분도 1단계 질문을 만들어볼까요?
학생1   새는 몇 마리인가요? 〔QAR-1 : 바로 거기에〕
학생2   새는 무슨 색깔인가요? 〔QAR-1 : 바로 거기에〕

다음은 2단계 '생각과 탐색' 질문이다. 2단계의 연상 키워드인 생각과 탐색, 원인과 결과, 비교와 대조 등을 언급하고 2단계 예시 문장을 구체적으로 안내한다. 책의 여러 부분을 결합하여 답을 찾는 2단계 질문에 대해 함께 이야기하고, 학생들이 직접 2단계 질문을 만든다.

교사   그림을 보며 2단계 질문을 만들어볼까요? 2단계 키워드는 무엇이 있었나요?
학생1 생각과 탐색, 원인과 결과입니다.
학생2 비교, 대조입니다.
교사   2단계의 키워드를 생각하며 질문을 만들어보세요.
학생1 두 마리 새는 어떤 공통점과 차이점이 있나요? (QAR-2 : 생각과 탐색)
교사   좋은 질문입니다. 여러분은 두 마리 새의 공통점과 차이점이 무엇이라고 생각하나요?
학생1 둘 다 하얀색과 검은색 깃털, 큰 날개를 가졌습니다.
학생2 차이점은 한 마리는 날고 있는데, 다른 한 마리는 쳐다보기만 합니다.

다음은 3단계 질문이다. 3단계 '작가와 나 사이에' 질문도 평가와 논평, 행간 읽기 등의 연상 키워드와 구체적인 예시를 들어 안내한다. 특히, 작가를 만나게 된다면 작가에게 궁금한 점은 무엇일지 생각해보고, 그림책의 주제나 작가의 의도를 묻는 질문을 만들어보게 한다.

작가는 왜 검은색으로 그림을 그렸을까요? (QAR-3 : 작가와 나 사이에)
작가는 왜 제목을 알바트로스의 꿈이라고 지었을까요? (QAR-3 : 작가와 나 사이에)

마지막 4단계 '나 자신에게' 질문이다. 이 질문은 책이 아닌 나 자신의 경험, 생각과 의견 등을 바탕으로 삶과 세상에 대해 성찰하는 질문으로 학생의 추론적 사고가 가장 잘 드러난다. 연상 키워드와 예시 문장을 통해 4단계 질문에 대해 알아본 다음, 학생들이 직접 4단계 질문을 만들어 이야기를 나눈다.

새는 지금 무슨 생각을 하고 있을까요? (QAR-4 : 나 자신에게)
만약 내가 새라면 저 위에 올라갈까? (QAR-4 : 나 자신에게)

계속해서 그림책의 다음 장면을 찬찬히 살펴본다. 학생들이 단계별로 질문을 만들 수 있도록 교사가 먼저 시범을 보이고 나서, 학생들이 직접 QAR 질문을 만들도록 안내한다.

교사	새가 온몸에 힘이 다 빠져 버린 이유는 무엇일까요? (QAR-2 : 생각과 탐색)
학생 1	열심히 노력하는데, 계속 실패해서 지쳤기 때문입니다.
교사	이 장면에서 어떤 질문을 만들 수 있을까요?
학생 1	새에게 어떤 말을 해주고 싶은가요? (QAR-4 : 나 자신에게)
학생 2	작가가 사용한 종이와 재료는 무엇일까요? (QAR-3 : 작가와 나 사이에)
학생 3	새처럼 힘이 빠져서 포기하고 싶었던 적이 있나요? (QAR-4 : 나 자신에게)

앞의 '새처럼 힘이 빠져서 포기하고 싶었던 적이 있나요?' 질문은 4단계

'나 자신에게' 질문이다. 이 질문은 학생들의 실제 생활과 연결하기에 좋은 질문이다. 학생들이 새의 처지에 공감하며, 포기하고 싶었던 각자의 경험에 대해 자유롭게 이야기할 수 있도록 한다.

그림책의 마지막 장면에서는 학생들이 활발하게 소통하며 다양한 질문을 만들 수 있도록, 먼저 교사가 QAR 1단계 질문으로 말문을 연다. 자신 있게 대답하는 학생들을 격려하고 연이어 QAR 질문의 단계를 높여가며 2~4단계의 질문으로 이야기를 나눈다. 특히, 삶과 세상에 적용하는 4단계 질문은 학생들의 사고를 심화, 확장하는 데 꼭 필요하다. 이러한 단계별 질문을 통해 학생들은 작가가 말하고자 하는 것은 무엇인지, 독자로서 무엇을 생각하고 느꼈는지 등에 대하여 깊이 있게 생각을 교환할 수 있다.

교사	새가 날아가 닿은 곳은 어떤 곳인가요? (QAR-1 : 바로 거기에)
학생 1	나무들과 꽃향기가 가득한 곳입니다.
교사	작가는 왜 마지막 장면을 이렇게 표현했을까요? (QAR-3 : 작가와 나 사이에)
학생 1	주인공이 행복을 찾았다는 것을 말하는 것 같습니다.
학생 2	새가 기분 좋게 하늘을 나는 느낌을 주려고 그랬을 것 같아요.
교사	마지막 장면에서 떠오르는 질문은 무엇이 있나요?
학생 1	작가는 왜 꿈과 같은 길이라고 했을까요? (QAR-3 : 작가와 나 사이에)
학생 2	꽃밭에 활짝 피어있는 꽃은 무슨 꽃일까요? (QAR-4 : 나 자신에게)
학생 3	작가는 이런 그림을 어떻게 그렸을까요? (QAR-3 : 작가와 나 사이에)

교사	가장 인상적이었던 장면을 찾아볼까요? 〔QAR-4 : 나 자신에게〕
학생 1	어둡고 캄캄한 동굴 장면이 기억에 남습니다.
학생 2	마지막 복숭아꽃이 활짝 피어있는 장면이 정말 아름다웠어요.

작가는 그림책의 마지막 장면에서 안견의 '몽유도원도'를 재해석해서 그림으로 표현했다고 한다. 학생들과 함께 한국 문화재 디지털 보존협회(HEDICO)에서 제작한 '디지털 몽유도원도'를 동영상으로 감상하고 그림책의 마지막 장면과 비교하며 느낌을 공유하는 것도 좋겠다.

디지털 몽유도원도

QAR 질문카드로 질문하고 답하기

4~6명이 QAR의 4단계에 따라 다양한 질문카드를 만든 다음, 질문카드로 질문하고 답하는 놀이이다. QAR의 단계별 질문들을 직접 경험하며, 다양한 질문으로 이야기를 나눌 수 있다.

〈놀이 방법〉

준비물 : 말판, 말, 주사위, 질문카드, 필기구

① 말판은 모둠원이 협의하여 원하는 모양으로 만들어서 활용한다. 칸의 수는 40칸 정도가 적당하며, 지름길을 통한 빠른 전진과 후퇴, 함정(1회 멈춤 등) 등을 추가할 수 있다.

질문카드 예시

질문	새는 걸으면서 무슨 생각을 했을까?		질문	새는 어디로 날아가고 싶었을까요?	
QAR단계와 키워드 ( )		질문에 대한 대답 (O)	QAR단계와 키워드 ( )		질문에 대한 대답 (O)
⑤점		10점	5점		⑩점

② 그림책을 읽고, 모둠원이 함께 20장 내외의 다양한 QAR 질문카드를 만든다.

③ 질문이 보이지 않도록 카드 더미를 뒤집어서 가운데에 놓고 놀이를 시작한다.

④ 모둠 내에서 두 팀으로 나눈 뒤, 먼저 시작하는 팀이 주사위를 던져서 숫자를 확인한 후, 질문카드 더미에서 맨 위의 카드를 선택하여 뒤집는다. 선택한 카드의 질문을 읽고 답을 말해야 한다.

⑤ 답은 'QAR 단계와 키워드 말하기'와 '질문에 답하기' 중에서 두 개를 모두 답하거나 둘 중 하나를 답한다. 두 질문에 모두 정답을 말하면 10점, 둘 중 하나의 질문에 정답을 말하면 5점을 얻는다.

⑥ 주사위에 나온 숫자만큼 앞으로 전진하고, 정답을 맞힌 질문카드는 따로 모아둔다. 오답이면, 말은 제자리에 두고 질문카드는 다시 카드 더미 안에 넣어 섞는다.

⑦ 결승점에 도착하거나 질문카드가 모두 소진되면 게임은 종료된다.

⑧ 결승점에 먼저 도착한 사람에게는 도착점수 10점을 추가한다.

⑨ 모은 질문카드의 점수를 계산하여 점수가 높은 사람이 승리한다.

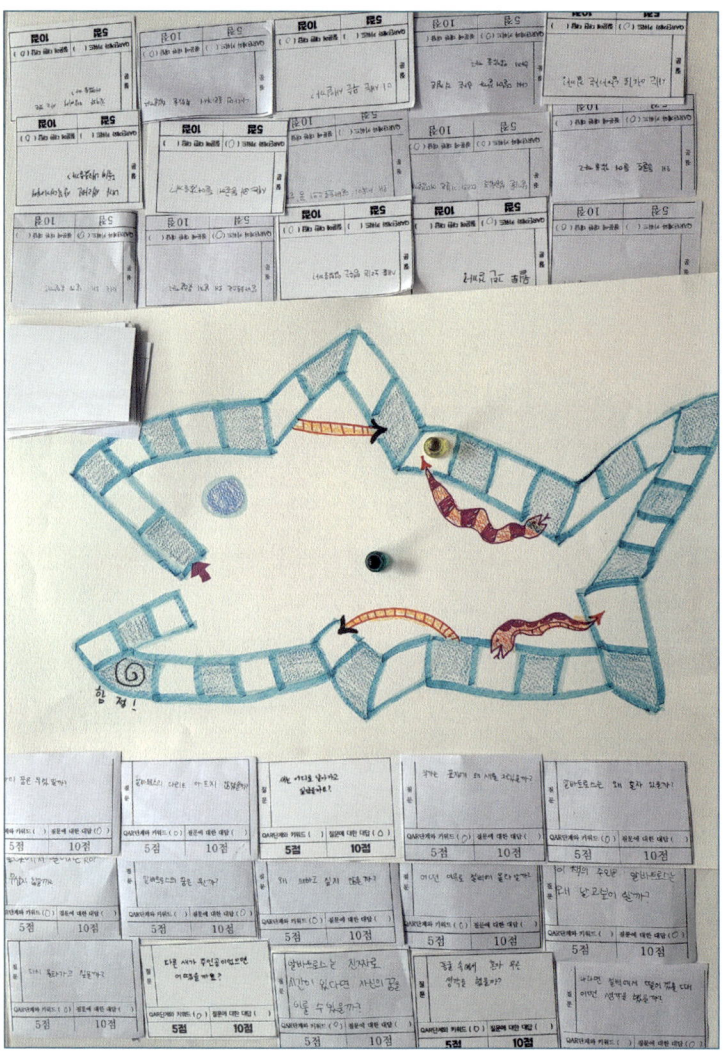

QAR 질문으로 이야기 나누기

질문카드로 놀이를 하고 나서, 한 개의 대표 질문을 선정하여 모두 함께 이야기를 나누는 활동이다. 놀이를 통해 다양한 질문을 접한 다음, 질문 대화를 더욱 확장, 심화하기 위해서는 의미 있는 QAR 질문으로 서로 소통하며 배움을 나누는 과정이 꼭 필요하다.

〈놀이 방법〉

준비물 : 포스트잇, 필기구, 모둠 보드판, 보드마카

① 포스트잇에 개인별 QAR 질문 1개를 써서, 각자의 질문과 그 질문을 선택한 이유에 대해 짝과 이야기를 나눈 다음 두 개의 질문 중 1개를 선택한다.
② 모둠 내의 다른 2명도 각자의 QAR 질문으로 이야기 나눈 후 1개를 선택한다.
③ 모둠별로 모둠원 4명이 협의하여 모둠 질문 1개를 선정하여 모둠 보드판에 써서 칠판에 붙인다.
④ 칠판의 모둠 보드판의 질문을 보며 전체 학생이 1개의 학급 대표 질문을 뽑는다.
⑤ 학급 대표 질문으로 함께 이야기를 나눈다.

학생 1   우리는 '새는 왜 자꾸 날고 싶어 할까?'로 정했어. 땅 위에서 걸어 다니면서도 잘 살 수 있는데, 왜 자꾸 위험한 절벽까지 올라가서 날고 싶어 하는지가 궁금해.

학생 4   우리는 '나라면 산꼭대기에서 뛰어내렸을까?'인데, 날지 못하는 새가 산꼭대기에서 뛰어내리면 죽을 수도 있어. 나라면, 어떤 선택을 할 것인지 생각해보고 싶어.

학생 3   높은 곳에서 뛰어내리는 게 무섭고 망설여질 것 같아. 나도 그 질문이 좋겠어.

학생 2   하늘을 날고 싶은 마음과 산꼭대기에서 뛰어내리는 이유는 비슷할 것 같아. 하늘을 날고 싶어서 산꼭대기에서 뛰어내리는 걸 테니까.

학생 4   두 질문을 연결하면 좋겠다. '나라면 산꼭대기에서 뛰어내렸을까?'에 대한 대답으로 새가 날고 싶어 하는 마음을 설명할 수 있을 것 같아.

학생 1   그럼, 우리 모둠의 질문은 '나라면 산꼭대기에서 뛰어내렸을까?'로 결정하자.

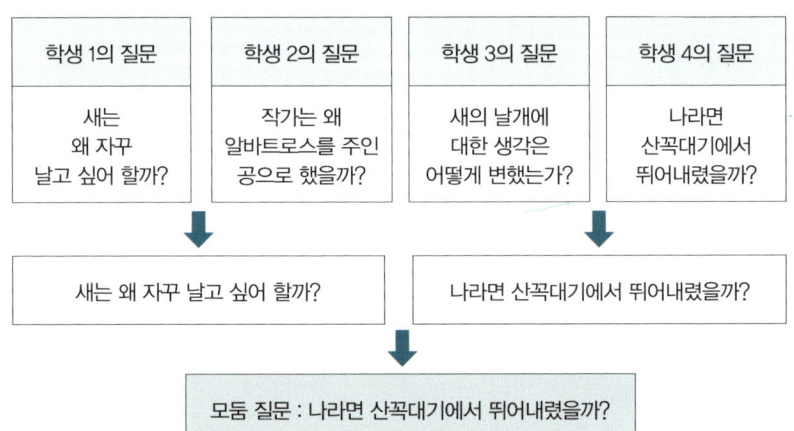

이처럼 각자의 QAR 질문 중 1개의 모둠 질문을 뽑은 다음, 각 모둠의 질문을 칠판에 붙이고 전체 학생이 대표 질문을 정하기 위해 함께 이야기를 나눈다. 이 과정을 통해 QAR 4단계 질문인 '나라면 산꼭대기에서 뛰어내렸을까?'를 학급의 대표 질문으로 정하여 더욱 다양한 생각과 의견을 나눌 수 있다.

학생 1   새는 날고 싶은 오랜 꿈이 있었습니다. 날아 보고 싶은 마음이 크기 때문에, 산꼭대기에서 날개를 펼쳐 볼 것 같습니다.

학생 2   전에도 절벽에서 뛰어내리다가 많이 다쳤던 적이 있어서 무서울 것 같습니다. 지난번 절벽보다 더 높은 곳이라 잘못하면 죽을 수도 있어서 저라면 뛰어내리지 않겠습니다.

학생 3   지금까지 동굴도 탐험하고 힘든 산길도 걷고, 절벽에서도 떨어지고, 물속에서도 있어 봤으니까, 훈련은 할 만큼 한 것 같습니다. 자기 자신을 믿고 도전해야 한다고 생각합니다.

학생 4   저도 일단 날아 볼 것 같아요. 친구가 옆에 있으니까, 혹시 위험한 일이 생기면 도와줄 수도 있습니다.

학생 5   꿈을 이루는 것도 중요하지만, 목숨은 한 개밖에 없습니다. 주변을 잘 살펴서, 안전장치를 좀 해놓고 나서 날아 보겠습니다.

정리하기

QAR 질문 수업에 대하여 함께 소감을 나누고, 배움을 정리하기 위해서는 자신의 생각을 글로 써 보는 경험이 매우 중요하다.

질문 수업을 마치고, '내가 만든 QAR 질문으로 글쓰기', '책을 읽은 소감 쓰기', '나의 꿈에 대해 글쓰기'의 3가지 주제 중 원하는 주제를 선택하여 한 편의 글을 쓰는 시간을 갖는다.

'내가 만든 QAR 질문으로 글쓰기'는 그림책에서 찾은 하나의 QAR 질문에 대한 자신의 생각을 정리해보는 활동이다. 다양한 QAR 질문을 찾은 다음, 자신이 만든 질문을 주제로 스스로 답을 찾아보는 것은 더 넓게 생각을 펼치기 위해 꼭 필요한 활동이다. QAR 질문으로 글을 쓸 때는 질문

질문으로 글쓰기

<알바트로스의 꿈>

○○초등학교 ○학년 ○반 ○○○

♠ 그림책 "알바트로스의 꿈"을 읽고, 다음의 주제 중 하나를 선택하여 글을 써 봅시다.

1. 내가 만든 QAR 질문으로 글쓰기
2. 『알바트로스의 꿈』을 읽은 소감 쓰기
3. 나의 꿈에 대해 글쓰기

알바트로스에게 두려움은 무엇이었을까?

내가 만든 QAR 질문은 "알바트로스에게 두려움은 무엇이었을까?"이다. 책 내용 중에 알바트로스가 "자신과 같이 날지 못하는 친구를 만났을 때 친구랑 같이 있으면 두려움도 사라진다"라는 장면에서 '과연 알바트로스에게 두려움은 무엇이었을까?'라는 생각이 들어 질문을 만들게 되었다.

내 생각에 알바트로스는 다른 새들의 시선이 두려웠던 것 같다. 하늘을 자유롭게 날 수 있는 다른 새들에게는 하늘을 나는 것이 너무나 당연한 것이다. 그래서 그 당연한 일을 하지 못하는 알바트로스를 이상하게 생각했을 것이다. 또 높은 곳에 올라갈 때 떨어지면 죽을 수도 있고 크게 다쳐서 다시는 날아볼 수도 없을 것 같아서 높은 산, 절벽에 오를 때마다 걱정이 있었을 것 같다. 높은 산이나 절벽에서 떨어지면 힘들게 올라간 수고가 사라지기도 하지만, 몸도 크게 다치게 된다. 나였다면 두려움에 쉽게 높은 곳까지 올라가지 못했을 것이다. 그러한 두려움을 이겨내고, 두려움을 함께 공유할 수 있는 친구를 만난 알바트로스는 큰 행운을 만난 것이다.

나는 알바트로스처럼 두려움을 이겨내고, 자신의 꿈을 이루어가고 싶다. 또, 알바트로스의 친구처럼 다른 사람의 두려움을 같이 공감해주고 이해해 줄 수 있는 사람이 되고 싶다.

에 대한 자신의 의견이 잘 드러나야 함을 강조한다.

두 번째 주제인 '책을 읽은 소감 쓰기'는 『알바트로스의 꿈』을 읽고, 느낀 점이나 생각한 것을 중심으로 소감문을 작성하는 활동이다. 소감문을 쓸 때는 줄거리를 길게 나열하기보다 자신의 경험을 바탕으로 가장 인상적인 장면이나 주관적인 해석을 구체적으로 표현할 수 있도록 안내하는 것이 필요하다.

그 외에 '나의 꿈에 대한 글쓰기'는 알바트로스의 꿈과 도전을 통해 학생들이 원하는 미래의 진로와 꿈에 대해서 생각해보고 자신이 원하는 삶은 무엇인지, 꿈을 이루기 위해 어떤 노력이 필요한지에 대해 깊이 성찰해 보는 좋은 기회가 될 수 있다.

이처럼 다양한 글쓰기를 통해 질문 수업을 정리해봄으로써 학생들은 QAR 질문을 더욱 심화, 확장할 수 있게 될 것이다.

4장

깊은 대화를 나눌 수 있는
다카시 질문법

다카시 질문법*이란?

메이지 대학 문학부 교수이자 언어학자인 사이토 다카시는 "제대로 된 질문이 상대를 움직인다"라고 말한다. 이 말은 질문이 좋을수록 대화 관련자들의 친밀도를 높이는 것은 물론 대화가 깊이 있게 진행되고 비판적·창의적 사고를 만들어낸다는 것이다. 다카시는 질문할 때 질문의 대답까지 고려해야 하며, 상대방의 경험과 지식을 끌어내야 좋은 질문이라고 말한다.

다카시는 '좌표축 사고법'을 제시하는데 이것으로 훈련하면 질문하는 능력이 올라갈 수 있다고 말한다. '좌표축 사고법'이란 가로, 세로 좌표축을 이용해 질문을 사분면에 배치하는 방법이다. 아래 그림은 다카시가 제시하는 질문 분류와 질문 예시**이다. 사분면에서 세로축은 구체적, 추상적

```
                    구체적
                      │
          (2)         │         (1)
     평소에 무엇을 하고  │    지금 어디에
        지내십니까?     │      계십니까?
                      │
비본질적 ──────────────┼────────────── 본질적
                      │
          (3)         │         (4)
     중요하지 않은 일을 │     산다는 건
     추상적으로 묻는 영역│   어떤 의미일까요?
                      │
                    추상적
```

---

*   사이토 다카시, 『질문의 힘』, 루비박스, 2017. 참고
** 사이토 다카시, 『질문의 힘』, 루비박스, 2017. 인용

속성을 나타내고 가로축은 본질적, 비본질적 속성을 나타낸다.

　다카시는 학생 스스로 '내가 하는 질문이 어느 사분면에 속할까?'를 점검할 수 있는 기준을 제시한다. 먼저 '좌표축 사고법'에서 세로축을 염두에 두고 구체적으로 묻는 것과 추상적으로 질문하는 것 중 어느 것이 상대방에게 더 적절한 반응을 끌어낼 수 있는지 연습할 수 있다. 또, 가로축으로 보면 본질과 비본질적 질문을 해 그에 따른 화제의 깊이나 넓이가 어떻게 변화하는지 확인하는 기준으로 삼을 수 있다. 이런 과정을 거치면서 질문을 배울 수 있다.

　다카시는 구체적이고 본질적인 질문이 좋다고 본다. (2)의 예(평소에 무엇을 하고 지내십니까?)는 상대방과 이야기를 시도할 수 있으나 상대방의 경험, 지식 등을 깊게 끌어낼 수 없는 질문이다. (4)의 예(산다는 건 어떤 의미일까요?)는 의미 있는 질문이지만, 상대방이 대답하기 힘들거나 곤란함을 느낀다. (3)의 예는 (2)와 (4)의 단점이 합쳐진 것이다. 반면 (1)의 예(지금 어디에 계십니까?)는 구체적이고 본질적인 질문으로 상대방의 배경지식을 끌어내어 깊은 대화를 나눌수 있는 질문이다. (1)의 예는 모바일 장치를 개발하기 위해 통신 장치를 사용하는 사람들에게 지금 어디에 있는지 물어보는 질문이다. 사람들이 어느 장소에서 어떻게 통신을 이용하는지를 알 수 있고 통신할 때 불편한 점, 어려운 점 등을 잘 알 수 있다. 또 모바일 장치를 이용하는 사람들의 환경이나 직업을 유추할 수 있고, 연달아 다른 질문을 할 수 있으며, 쉽게 사람들의 답을 들을 수 있다.

그림책에 적용하는 다카시 질문법

다카시의 질문을 그림책에 적용할 때는 구체와 추상, 비본질과 본질을 나누는 기준들이 중요하다. 구체적 질문은 그림책에서 답이 바로 확인이 되거나 그림책 장면의 앞장과 뒷장을 연결하면서 답을 책에서 찾을 수 있도록 묻는 것이다. 추상적인 질문은 그림책 장면에서 연상되는 우리의 삶과 관련된 것으로 일정한 형태와 성질을 갖추고 있지 않은 것이다. 본질적 질문은 그림책의 중심 개념이나 주제 의식과 관련된 것을 묻고, 비본질적 질문은 그것에 벗어난 것을 묻는 것이다. 다카시의 좌표축 사고법을 그림책에 적용해보면 다음과 같다.

	구체적	
비본질적	구체적이고 비본질적 질문에 해당하는 것으로 그림책 내용, 상황이 들어가고 그림책 중심 개념, 주제 의식에서 벗어난 것을 묻는 영역	구체적이고 본질적인 질문에 해당하는 것으로 그림책 상황, 내용이 꼭 들어가고 중심 개념, 주제 의식, 심층적 질문인 이해, 해석, 판단, 평가 등을 묻는 영역
	추상적이고 비본질적인 질문에 해당하는 것으로 그림책에서 중요하다고 다루지 않는 삶과 관련된 가치, 개념, 판단 등을 추상적으로 묻는 영역	추상적이면서 본질적인 질문에 해당하는 것으로 그림책의 내용을 언급하지 않고 인생에 관한 보편적인 물음, 철학적 물음을 묻는 영역
	추상적	본질적

다카시의 질문에는 상황 맥락이 존재한다. 상대방의 가진 배경지식에 따라 질문을 본질과 비본질로 나눌 수 있다. 예를 들면, 그림책을 처음 접하는 사람에게 "존 버닝햄, 이수지, 사노 요코 중 누구를 가장 좋아하나요?"라고 물으면 구체적인 작가들이 질문에 포함되어 있어 대화 상대방을

이야기로 끌어들일 수 있다. 그렇지만 그림책을 좋아하는 사람에게 묻는다면 구체적이고 본질적인 질문이 될 수 있다. 그림책을 좋아하는 사람들은 그림책을 많이 보고 읽고 생각하고 탐구한다. 앞 질문에 그림책 작가의 삶과 연결하여 그림책을 해석하거나 작가들의 다른 그림책 작품들을 이야기하면서 자신의 가치관이 드러나고 이야기의 폭과 깊이가 넓어진다. 따라서 같은 질문이라도 상대방이 어떤 배경지식을 갖고 답을 하느냐에 따라 본질과 비본질로 나눠진다.

다카시 질문법은 좌표축 사고법을 기준으로 질문을 분류하고 정리하는 것이 특징이다. 다카시 질문을 그림책에 적용할 때는 학생들의 현실적 생활상이 반영된 그림책이 좋다.

다카시가 생각하는 좋은 질문은 상대방을 고려한다는 전제 아래 구체적인 상황 안에서 본질을 다루는 것이다. 왜냐하면, 대화에 참여한 사람들이 소중하고 의미 있는 시간을 보냈다고 느끼기 때문이다. 그림책에 적용하여 구체적 질문을 만들 때 구체적인 것은 그림책 상황이나 학생들의 직접 경험으로 찾기가 쉽다. 반면 '본질'은 구체적인 것에 비해 정하기가 쉽지 않다. 그림책의 주제, 가치, 개념 등에서 선택해야 하고 본질의 특성이 관념적이어서 학생들의 개념 범주를 확인할 필요가 있다.

교실에서 다카시 질문법에 적용할 때 유의점은 특히나 학생들의 인식 수준과 상황을 존중해서 좌표축 사고법 사분면에 질문을 배치해야 한다. 때로는 학생들이 그림책 상황을 그렇게 느꼈다면 교사는 그것을 인정하고 받아들여야 한다. 두 번째 유의점은 그림책에서 다루고 있는 본질적이고 추상적인 것에 대한 답을 수업에서 다루어야 한다는 것이다. 추상적인 본질의 개념을 정리하지 않은 상태에서 구체적인 상황을 판단하거나 문제를 해결하는 것이 어렵기 때문이다. 본질을 탐구한다면 개념이 명확해져서 수업이 더욱 풍성해지고 그것을 구체적인 상황에 적용했을 때 다양한 방법이 생겨날 수 있다.

『틀리면 어떡해?』를 소개합니다

그린이는 초등학교 1학년이다. 그린이는 입학하고 나서 독서 골든벨, 받아쓰기 문제처럼 왠지 어렵고 머리가 아픈 시험이 엄청 많다고 느낀다. 독서 골든벨 결승전에서 떨어진 속상한 그린이를 위해 아빠는 잘했다고 위로해주며 그린이가 제일 좋아하는 치킨을 사준다. 그린이는 엄마와 함께 받아쓰기 연습을 했지만 50점을 맞아 속상하다. 친구들은 100점을 맞았다. 그린이는 점점 시험에 자신이 없어지고 머리만 아프다. 그린이가 기다리는 시험이 있다. 유치원 때부터 준비해 온 태권도 승품 시험이다. 받

김영진 글·그림 | 길벗어린이

아쓰기를 준비하던 때와 달리 신이 나서 즐겁게 아빠와 함께 태권도를 연습한다. 태권도 국가대표였던 천하무적 완벽한 관장님이 이번 승품 시험에 5장은 안 나온다고 예상한다. 드디어 승품 시험 당일, 5장이라는 안내가 나왔다. 관장님이 예측을 잘못한 것이다. 당황한 그 순간, 그린이는 심호흡을 하고 천천히 머릿속에 5장 동작을 그려본다. 당황하는 아이들도 보인다. 그린이는 멋지게 한 동작 한 동작을 해낸다. 시험이 끝나고 관장님은 그린이, 시험 보러온 아이들과 그 가족들 앞에서 엉엉 울었다. '틀리면 어떡해?' 하고 그린이가 우리에게 물어본다면 뭐라고 대답해줄까? 이 책은 틀려도 괜찮다고 위로해주며 시험을 대하는 태도를 생각하게 한다.

학생들이 학교에 다니면서 가장 많이 하는 질문 중 하나는 "시험은 왜 있을까?"이다. 학년이 올라갈수록 시험 결과에 따라 부모님이나 친구의 시선이 달라진다는 것을 안다. 청소년기는 자신을 바라보는 상대적인 관점을 인식하면서 자아 개념이 형성되는 중요한 때이다. 그런데 우리는 시험 결과인 합격, 등수, 등급 등을 이야기하지만 시험이 우리에게 주는 의미, 결과를 어떻게 받아들일지 대한 질문이 없다. 틀리는 것을 걱정하는 그린이를 보면서, 우리는 쉽게 자신의 모습을 떠올릴 수 있다. 이 책은 학생들이 많이 겪는 상황이어서 감정이입이 잘 되고 생각을 드러내기가 쉽다.

수업을 시작합니다

다카시 질문 놀이[*]

한 학생이 자신이 좋아하는 화제 내용을 발표하고 다른 학생들이 그 화

---

[*] 사이토 다카시, 『질문의 힘』, 루비박스, 2017, 참고

제가 무엇인지 답을 맞힌다. 그다음 발표를 들은 학생들이 그 화제에 대해 궁금한 것을 질문한다. 발표한 학생은 가장 대답하고 싶은 질문을 선택하여 대답한다. 답을 맞히고 질문이 선택된 학생이 속한 각 모둠에 점수를 부여한다. 어떻게 질문을 해야 자신이 한 질문이 선택받을지 생각하는 놀이이다.

학생들을 4명씩 모둠으로 나눈다. 교사는 정답을 맞힌 학생과 질문이 선택된 학생이 속한 모둠에 각각 1점을 부여한다고 알려준다. 각 모둠의 구성원에게 1번부터 4번까지의 번호를 부여한다. 한 모둠이 교실 앞에 나와 1번부터 발표를 시작한다. 수수께끼처럼 자신이 좋아하는 것을 소개한다. 학생 중 답을 맞히는 것은 각 모둠의 1번만 할 수 있다. 첫 모둠의 1번 발표가 끝난 후 좋아하는 것이 무엇인지 맞힌다. 맞힌 사람이 속한 모둠에 점수를 부여한다. 이제 각 모둠의 1번이 발표 내용 중 궁금한 것을 질문한다. 뒤에 질문하는 사람은 앞에 한 사람과 비슷한 질문을 할 수 없다. 교사는 학생들의 질문을 칠판에 적는다. 발표한 학생이 질문을 다 듣고 대답하고 싶은 질문 하나를 고른다. 질문이 선택된 모둠에 1점을 부여한다. 발표한 학생은 질문에 대답하고 왜 그 질문을 선택했는지 말한다. 이런 발표와 질문하는 과정을 되풀이한다. 모든 모둠이 발표를 마친 후 점수를 가장 많이 획득한 모둠이 이긴다.

이 놀이의 핵심은 놀이가 끝난 후 질문 목록을 보면서 어떤 질문에 대답하고 싶었는지를 분석하는 것이다. 발표한 학생들이 선택한 질문들은 대답하기가 명확하고 자신이 잘 알고 있어서 설명하기가 쉽다는 공통점이 있다. 학생들은 질문으로 이야기를 이어나가려면, 자신의 궁금증을 우선하기보다는 상대방의 경험이나 취향을 고려한 질문을 해야 한다는 것을 알았다.

학생 발표 내용	저는 저의 취미를 소개하려고 합니다. 저의 취미는 은근히 자유롭지만, 노력이 필요합니다. 이것은 종이, 연필, 지우개가 기본으로 요구되며 더 나아가 프로그램으로 할 수 있습니다. 그리고 이것은 잘하면 프로가 될 수 있으며 돈을 벌 수 있습니다.
정답	그림
질문	1. 종이와 컴퓨터를 사용해서 그릴 때 어떤 것이 더 좋아? 2. 그림을 완성하는 데 걸리는 시간은? 3. 그림을 잘 그리니?
선택한 질문과 대답	3번 이 질문을 예상해서 답변을 고민하고 있었기 때문에
질문을 선택한 이유	그림 그리는 것을 좋아하고 그림을 잘 그린다는 말을 종종 들어서 어느 정도는 자신이 있어서

단어 월드컵

『틀리면 어떡해?』를 읽고 한 사람당 중요하다고 생각하는 단어를 2개씩 카드에 적는다. 다 쓴 후 모둠별 단어끼리 패자는 탈락하는 토너먼트 방식으로 놀이를 진행한다. 모둠별 단어에서 단어 하나를 선택하고 그 단어가 왜 중요한지 설명한다. 학생들은 설명을 다 듣고 가장 중요하다고 생각하는 단어에 2번씩 손을 든다. 1번만 손을 들라고 하면 자기 모둠에만 투표하는 경우가 많기 때문이다. 가장 많은 득표를 한 단어가 결승전 후보 단어에 등록된다. 다른 단어들도 같은 방식으로 진행한다. 놀이를 진행할수록 학생들은 『틀리면 어떡해?』에서 본질적인 단어가 무엇인지, 작가가 하고 싶은 말이 무엇인지 공유하고 공감하게 된다.

『틀리면 어떡해?』에서 학생들이 중요하다고 생각한 단어는 '노력, 잘한 거야, 다시, 아빠는 0점을 맞았어, 연습, 괜찮아'였다. 교사와 학생들은 선정된 단어들을 그림책에서 이야기하고자 하는 상위개념의 단어로 확장하여 생각하고 만든다. '노력, 위로, 위안, 연습, 용기, 시험 볼 때 자신감' 등과 같은 상위 개념의 단어들로 만들었다. 이 과정에서 학생들은 그린이가 노력이나 도전을 하기가 두려운 이유는 실패에 대한 두려움이 있어서라는 의견에 대부분 동의했고 왜 그런지 궁금증이 생겼다.

'구체, 본질'에 해당하는 키워드 만들고 질문 연습하기
교사가 다카시 질문의 '좌표축 사고법' 사분면을 설명한다. 구체적인 질문은 그림책에서 찾을 수 있는 실제이고, 추상적인 질문은 우리의 삶과 연결될 수 있으나 일정한 모양이나 특성이 없는, 눈에 보이지 않는 것들이라고 알려준다. 본질적인 질문은 그림책에서 말하고 싶어 하는 주제, 가치들과 관련 있다고 설명한다. 단어 월드컵에서 더 큰 개념으로 만든 단어들이 해당한다. 비본질적인 질문은 본질적인 질문이 아닌 것들이다.
다카시 질문의 사분면에 해당하는 기준 중 구체와 본질에 해당하는 키워드를 같이 이야기하면서 칠판에 쓴다. 그냥 질문을 만들라고 하면 학생들이 헷갈리고 어려워하기 때문에 키워드를 가지고 접근하면 좋다. 사분면 (1)과 (3)에 해당하는 질문을 교사와 함께 연습해본다. (1)은 구체에 해당하는 키워드와 본질에 해당하는 키워드를 가지고 서로 연결하여 구체적이면서 본질적인 속성을 지닌 문장으로 만들어 발표한다. (3)은 구체에 해당하지 않는 키워드와 본질에 해당하지 않는 키워드를 가지고 서로 연결하여 추상적이면서 비본질적인 속성을 지닌 문장으로 만들어 발표한다. 이 사분면은 엉뚱하고 재미난 질문이 많이 나올 수 있다. (2)는 구체적 속성을 지니면서 동시에 본질적 속성에 해당하지 않는 키워드가 들어가는 질문을 만든다. ⑷는 구체적 속성을 지니지 않으면서 본질적 속성에 해당하는 키워드가 들어가는 질문을 만들면 된다.

구체에 해당하는 키워드	본질에 해당하는 키워드
골든벨대회, 받아쓰기, 승급심사, 치킨, 짜장, 탕수육, 아빠, 엄마, 관장님 등	격려, 걱정, 두려움, 안심(안도, 위안), 노력, 연습, 도전, 최선, 평가, 용기, 자신감, 실패, 부모의 양육 방법 등

질문 연습을 한 후 학생들이 개별적으로 질문 만드는 시간을 갖는다. 학생들이 만든 질문 중 학생들에게 선택을 많이 받고 좋은 질문이라고 생각하는 것은 다음과 같다.

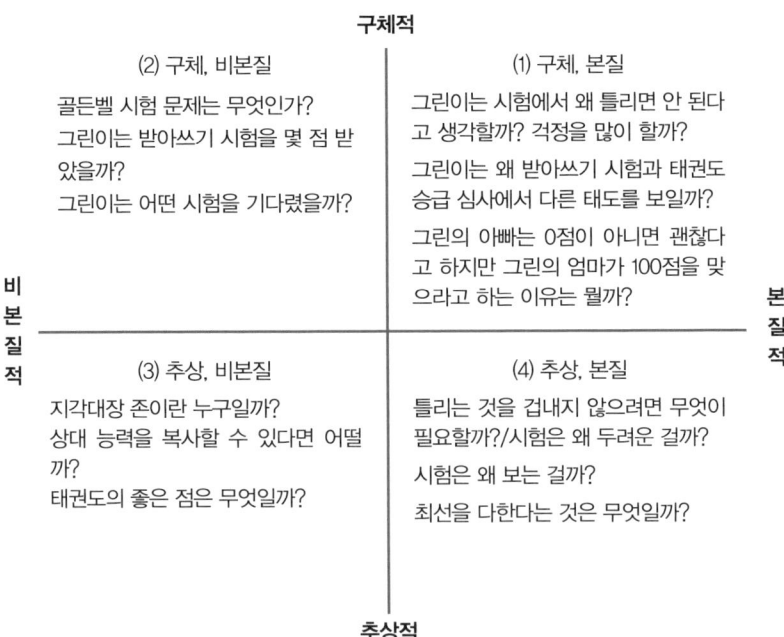

첫 번째 질문 - 시험에서 실패하는 것이 두렵나요?

질문을 탐구하는 과정은 정답이 없고 혼란스럽다. 그러나 이 과정은 극히 자연스러우며, 탐색을 위해 필요한 여러 지식, 가치, 사실 등을 확인하며 적절한 판단과 올바른 생각을 해보는 긍정적인 경험이다. 다음과 같은 태도와 자세를 가지면 좋겠다고 안내한다. 첫째, 학생들은 질문에 자유롭게 대답하고 거기에 대한 근거를 제시할 수 있으면 더욱 좋다. 둘째, 학생들은 될 수 있으면 발표에 모두 참여한다. 그리고 교사가 발표를 안 한 학생에게는 조심스럽게 물어볼 수 있다는 것을 알린다. 셋째, 자신의 의견을 말한 후 학생들의 여러 반응에 크게 부담을 갖지 않도록 한다. 학생들이 의견을 말하다가 불편하거나 논란이 되는 지점에서 교사는 발표한 학생들이 어떤 생각과 의도를 가지고 말한 것인지 묻고 정리하는 시간을 가질 수 있다고 미리 말해 둔다. 이러한 수업 경험은 학생들에게 서로의 생각과 감정의 다양성을 이해할 소중한 기회를 제공해준다. 이러한 탐구를 통해 변화에 대해 유연성(생각하지 못한 것으로 진행되는 것에 대한 수용 정도), 개방성(답이라고 생각되는 것들을 찾기 위해서 시도와 노력을 긍정적인 태도로 진행하는 것), 존중의 자세를 갖고 대화에 임할 수 있도록 분위기를 조성하는 것이 중요하다.

연속질문 4가지를 가지고 진행했다. 첫 번째 질문(시험에서 실패하는 것이 두렵나요?)과 두 번째 질문(실패한 다음 비슷한 일에 도전하는가?)은 한 시간 동안 진행하며 세 번째 질문(너는 어떤 것이 실패라고 생각하는가?)과 네 번째 질문(너는 그린이에게 어떤 말을 해주고 싶은가?)으로 진행했다.

교사 여러분은 시험에서 실패하는 것이 두렵나요? 그린이처럼 틀리는 것이 두렵나요?

학생 1 네. 시험이 무서워요. 엄마와 아빠가 뭐라 하지는 않지만, 표정

	이 더 무서워요. 시험 못 본 후 집안 분위기가 싫어요.
교사	어떤 근거로 실패했다고 생각하나요?
학생1	시험 점수가 잘 안 나오거나 등급이 떨어진 경우요.
학생2	부모님이 내 시험에 실망하면 용돈과 연결돼요.
학생3	맞아요.
학생4	저는 맞은 적도 있어요.
교사	결과가 부모님의 실망, 용돈, 체벌과 연결되네요. 시험이 두렵지 않은 학생이 있나요?
학생5	선생님은 세상에 시험보다 더 무서운 것이 더 많다는 것을 모르세요.
교사	시험이 무섭지 않구나! 그럴 수 있지요. 선생님은 잘 모르겠는데 시험보다 더 무서운 것은 뭐가 있을까요?
학생5	선배들의 힘과 폭력이 무서워요.
교사	아, 나도 무섭긴 무서운데 학교폭력으로 신고하는 것은 어떨까요?
학생5	거기까지 하기는 애매하고 어차피 선배들은 졸업해도 계속 얼굴 봐야 해요.
학생6	저는 학교가 아니라 중고나라 사기를 당해서 경찰서까지 갔다 왔어요.
학생7	저는 아빠의 폭력 때문에 집안에 들어가기가 겁나요.
교사	선생님 생각이 짧았군요! 선생님은 학생들이라면 누구든지 정도의 차이만 있지, 시험을 다 두려워한다고 생각했어요. 그럼 실패라는 개념을 공부나 학교를 벗어나서 조금 더 넓은 의미에서 생각해봐야 하겠다는 생각이 들어요.

학생들과의 대화를 통해 모든 학생이 시험에 대해 두려움을 갖고 있을 것이라는 교사의 편견이 있었음을 알게 되었다. 이에 따라 실패라는 개념을 인생 전체에서 생각하고 정의 내릴 수 있도록 하는 수업으로 다시 구상했다. 감정이나 느낌은 자신의 욕구 중에 무언가가 채워지지 않았을 때 나타난다. 왜 실패에 대한 두려움이 드는지 그것은 어떤 욕구에서 비롯된 것인지 알아보는 질문을 제시했다. 다른 사람들은 학생들의 실패 경험에 대해 어떤 말을 하고 학생들은 어떻게 반응하는지 같이 나누었다.

교사 실패할 때 어떤 느낌이 들어요?
학생1 슬프고 좌절감이 들어요.
학생2 열심히 했는데 결과가 생각만큼 나오지 않아 속상하고 화가 나요.
학생3 저는 부모님에게 죄인이 된 느낌이에요.
학생4 열심히 하려는데 나를 믿지 못하겠어요. 시험 준비하던 때가 후회돼요.
학생5 저는 자격증 시험 볼 때 시간이 조금만 더 있으면 했는데 안타까웠어요.
교사 슬프고 속상하고 안타깝고 자신을 탓하고 후회하는 등 부정적인 감정을 많이 느끼는군요. 이러한 느낌이 드는 이유는 어디에서 오는 것일까요? 어떠한 것들이 이러한 감정을 가지게 하는 걸까요?
학생6 부모님의 반응과 평가 때문에 그런 것 같아요.
학생7 공부한 것보다 점수가 덜 나와 속상한 나에게 자기 점수보다 높아 '와~ 너 잘했네'라는 친구들의 반응이 더 안 좋은 감정을 가지게 하는 것 같아요.

학생 8	저는 자신에 대한 목표가 있는데 그것을 만족시키지 못해서 그런 것 같습니다.
교사	우리가 실패에 대한 부정적 감정이 드는 것이 주변 사람들의 기대나 자신의 목표와 관련이 있네요. 그럼 여러분이 실패했을 때 주변 반응은 어떤가요?
학생 1	우리 부모님은 그래도 힘내라고 격려해줘요.
학생 2	우리 엄마는 "네가 그러면 그렇지" 하면서 무시하는데.
학생 3	우리 집은 매우 혼 내.
학생 4	친구들은 괜찮다고, 우리 같이 공부하면 괜찮아질 거라고 많이들 그러는데.
교사	여러분은 그런 주변 반응에 어떻게 생각하고 반응하나요?
학생 6	저는 부모님이나 친구가 그러면 그 말에 같이 휘둘리면서 마음도 우울해져요.
학생 7	나는 속으로 우리 엄마, 아빠를 비난하는데.
학생 8	나도 그럴 때 나를 자꾸 위로해주는 친구만 만나려고 해서 친구의 폭이 좁아지는 것 같아.
학생 9	나는 아예 혼자 있으려고 하는데.
교사	실패했을 때 힘든 것은, 실패라는 결과 때문만이 아니라, 주변 사람들의 반응과 그에 따라 반응하는 우리의 마음에도 원인이 있군요.

두 번째 질문 - 실패한 다음 비슷한 일에 도전하는가?

교사가 학생들이 말을 할 때 중간중간 정리해주는 것이 필요하다. 수업을 진행할 때 교사는 모든 학생이 대화에 참여할 수 있도록 중간중간 말하지 않은 학생들에게 말할 기회를 주고 느낌을 공유하도록 배려해야 한다. 실패에 대한 학생들의 생각을 나눠보고 연속질문 두 번째인 '실패한 다음 비슷한 일에 도전하는가?'에 대한 질문으로 이어진다. 학생들의 이야기를 들으면서 교사는 '열심히 했는데 결과가 좋지 않으면 실패한 것인가? 실패 없는 인생이 있을까? 시험제도가 나 자신을 진정으로 평가할 수 있는가? 인생에서 실패의 결과는 무엇인가? 실패하지 않는 삶은 성공적인 삶인가?'와 같은 질문을 해볼 수 있다. 누구나 할 수 있는 실패 다음에 그것을 어떻게 인식하고 반응하는지 정리할 필요성이 있다. 그래서 다시 도전하는 학생과 도전하지 않는 학생들의 대답을 정리하면서 탐구 활동을 마무리 지었다.

- 왜 다시 도전했는가?
  - 하면 할 수 있다는 자신감이 들어서
  - 부모님의 기대가 커서
  - 친구들도 해내니까 나도 할 수 있겠지.
  - 지나간 것은 어쩔 수 없고 지금부터 해야 나의 미래가 바뀌니까
  - 실패해 봤기 때문에 그 방법 말고 다른 방법을 쓸 수 있어서
  - 그 시험 하나만 실패한 것이지 나 전체가 실패한 것은 아니니까

- 왜 다시 도전하지 않았는가?
  - 해도 안 되니까
  - 그것 하나 성공한다고 무엇이 그리 달라질까?
  - 안 되는 사람은 다 안 된다.

- 공부나 자격증 시험 말고도 세상에는 재미난 것이 많다.
- 배달 아르바이트나 물류센터 직업 아르바이트로 얼마든지 살 수 있다. 시험은 보지 않아도 된다.

세 번째 질문 - 너는 어떤 것이 실패라고 생각하는가?

학생들이 겪는 시험에 대한 두려움의 정체가 무엇 때문에 생긴 것인지 알아보았다. 또 실패로 인해 생기는 장단점도 살펴보았다. 수업을 하기 전 실패에 대해 혼자만 막연하게 했던 생각을 질문들에 답을 하다 보니 실패라는 개념에 대해 재정리하는 수업이 필요했다. 재정의한 실패 개념을 바탕으로 학생들이 다시 도전하거나 두려움을 떨칠 수 있는 것이 무엇인지 안내를 해야 할 필요가 있다.

교사	실패는 일을 잘못하여 뜻한 대로 되지 아니하거나 그르침이라고 사전에 정의되어 있어요. 여러분이 생각하기에 열심히 했는데 결과가 좋지 않으면 실패한 것인가요? 먼저 실패가 아니라고 한 4명의 의견을 먼저 들어볼까요? 왜 그렇게 생각하는지.
학생 1	왜 실패했는지 분석할 수 있는 자기만의 경험이 있어서 얻는 것이 있어요. 왜 틀렸는지 아니까 고치면 돼요. 그래서 실패한 것은 아니에요.
학생 2	뭐라도 했고 노력을 했으니까 자신에게 기쁨이 남잖아요.
학생 3	나중에 또 하면 돼요. 또 시험을 볼 수 있어요. 인생은 길어요.
학생 4	남는 것이 있고 할 수 있다는 마음이 생겨서 실패하지 않았다고 생각합니다.

교사	그럼 실패했다고 생각하는 학생들의 의견을 들어볼까요?
학생 5	열심히 했다는 것은 과정이고 실패는 결과니까, 받아들여야 해요.
학생 6	일단 실패한 것은 맞고, 아까 말한 학생들이 말하는 노력은 그 다음 시험 여부에 따라 달라지고 결정되는 것이에요. 그래서 현재는 실패에요.
교사	열심히 한 심리적·정서적 만족감은 있지만, 현재 결과로 따질 때는 잘못되어서 실패라는 거죠.
학생 6	네, 맞아요.
학생 7	당연히 시간과 노력을 썼는데 결과가 좋지 않으니까 실패라고 봐야 해요.

다음은 실패에 대해 다양하게 생각해볼 수 있는 질문으로 진행한 수업 결과다.

질문	실패했다.	실패하지 않았다.
실패 또는 실패하지 않았다는 것을 어떤 것으로 보면 알 수 있나요?	· 결과는 객관적으로 나온다. · 점수, 등급 · 합격/불합격이라는 통보 · 부모님의 반응 · 친구들 반응 · 실패했을 때 부정적 감정이 든다. 예를 들면 절망감, 슬픔, 허무한 감정이 든다. · 노력만큼 결과에 대한 만족도가 매우 낮다.	· 결과 만족도는 주관적이므로 실패하지 않았다고 볼 수 있다. · 슈뢰딩거의 고양이 실험으로 관측하기 전까지는 결과를 알 수 없다. 따라서 마음의 평화를 지키기 위해서 결과를 보지 않거나 회피하므로 결과를 알 수 없어서 실패하지 않은 것이다.
최근 실패한 경험이나 상황은 어떤 것이 있나요?	· 게임에 져서, 게임 승급 못 했을 때. · 나는 잘했는데 모둠이 못해서 게임 만족도가 떨어질 때. · 자격증 시험에서 떨어졌을 때. · 시험에서 100점 맞고 싶었는데 잠이 많아서 29점을 맞았다.	

실패의 결과는 무엇인가요? 실패를 통해 얻을 수 있는 것은 무엇이 있나요?	· 물질적으로 무언가를 살 수 있는 것이 적어진다. · 정신적으로 피폐하게 된다. · 실패를 통해 얻은 경험이 쌓인다. 시행착오로 다양한 방법에서 하나를 시도해본 것이다. · 상대에 대한 장단점을 알 기회다. · 다른 길을 모색할 수 있다. · 시간이 여유로워지고 단축할 수 있다는 것을 알게 된다.	
실패하지 않는 인생이 있나요?	**실패하지 않는 사람은 없다.** · 사람마다 만족도가 달라서 실패하지 않는 인생은 없다. · 돈이 많아도 자녀들은 마음대로 할 수 없다.	**실패를 안 하는 사람도 있다.** · 갑부의 자식들 – 돈만 있거나 부모님의 백이나 돈만 있으면 뭐가 된다. · 만수르 같은 정말 천문학적으로 많은 돈을 가진 사람들 · 돈이 없으면 실패할 확률이 높다.
실패하지 않는 인생은 성공한 삶인가요?	자기가 만족하고 있기에 성공한 삶이라고 볼 수 있다. 결과를 보지 않고 회피하는 것이라고 볼 수도 있다.	
실패한 다음 다시 도전하는 편인가요?	· 위험 정도의 여부에 따라 다르다. – 도전했을 때의 노력, 시간 정도 – 실패했을 때의 결과로 나온 보상에 따라 · 쉽게 성공할 수 있을 때 도전한다. · 가성비가 좋은 경우(최소한의 위험으로 최대한의 보상) · 사람들의 의지 정도에 따라 다르다.	
다시 도전하는 사람들의 특징은 무엇인가요?	· 실패를 두려워하지 않는다. · 정신적으로 잃는 손해가 크지 않다. 버틸 자신이 있다. · 다음에 더 잘할 수 있다고 믿는 마음이 크다. · 긍정적이고 끈기가 있다.	
의지, 정신을 강하게 하려면 어떻게 하나요?	· 실패를 계속 경험하는 것이다. · 목표를 현실적으로 좀 낮춰 잡아서 실행한다. · 긍정적인 생각을 한다. · 주변의 반응에서 공감과 위로하는 친구를 둔다.	

응원, 위로의 메시지 만들기 - 그린이에게 어떤 말을 해주고 싶은가?

수업 후 마무리 활동으로 OHP 필름에 '틀리면 어떡해?'라는 물음에 대한 답을 쓰게 했다. 인터넷을 활용하여 실패 극복에 관한 문구를 찾아보거나 아는 사람에게 해줄 수 있는 응원이나 위로, 격려의 메시지를 OHP 필름에 쓰게 했다. 교실 밖으로 나가서 하늘, 나무, 풀, 건물을 배경으로 OHP 필름을 대고 사진을 찍게 했다. 찍은 사진을 학급의 단체 SNS에 공유하도록 했다. 간단한 활동이지만 학생들이 자신의 글이 자연이나 건물 등과의 조화를 통해 새로운 분위기를 형성한다는 것을 느낄 수 있다. 또한, 나눔과 공유를 통해 나만 힘든 것이 아니라 친구들도 같은 상황에 있음을 깨닫게 된다. 일상생활에서 겪는 구체적 상황과 실패라는 본질 질문을 통해 삶에서 어려움이 생길 때 이전과는 다른 방식으로 접근할 수 있다는 것을 알게 되었다.

그림책과 다카시 질문을 통해 어려울 수 있는 주제나 소재를 쉽게 다가가 의미 있게 볼 수 있는 시간이 되었다. '실패에 대한 다른 학생들의 반응, 실패 정의, 실패를 통해 얻는 것과 잃는 것, 위로할 수 있는 사람' 등을 나누는 경험이 의미가 있고 성장하는 배움이 있다.

5장

생각 매트리스를 활용한
싱크트릭스 사고 확장 질문법

싱크트릭스 사고 확장 질문법*이란?

싱크트릭스(Thinktrix)는 프랭크 라이먼(Frank Lyman)이 수업에 적용하여 학생들의 인지 수준을 높였던 질문 방법이다. 싱크트릭스는 Thinking(생각하는)과 Matrix(기반)를 결합하여 만든 것으로 메타인지 사고를 통해 더 깊이 있고, 비판적이며 창의적으로 생각할 수 있게 해준다. 싱크트릭스는 기억, 원인/결과, 공통점, 차이점, 아이디어에서 예, 예에서 아이디어 찾기 및 평가의 7가지 단계가 있다. 단계별 질문을 살펴보면 다음과 같다.

- 1단계. 기억 질문(Recall) : 내용을 기억하거나 구체적인 상황, 인물, 사실 등을 회상하는 질문에 해당한다. '예/아니오'로 답을 할 수 있으며 정확한 답이 있는 수렴적 사고를 요하는 질문 유형이다. 예) 교실에서 볼 수 있는 물건 2개를 말해볼까요? – 의자와 책상입니다.
- 2단계. 원인과 결과 질문(Cause and Effect) : 문제의 원인과 동기를 찾아보거나 어떤 일의 결과를 추측해보는 질문이다. 사건의 원인과 결과를 찾아보고 이를 확장하여 책에 없는 내용을 상상하거나 유추해가면서 생각의 범위를 넓혀간다. 예) 책상과 의자는 왜 만들어졌을까? 만약에 책상과 의자가 없다면 우리 삶은 어떻게 될까? – 바닥에 앉아서 공부한다면 불편할 것입니다.

---

* 김대권 외, 『초등독서수업』, 푸른칠판, 2020, pp.89~93, 참고.

- 3단계. 공통점 질문(Similarity) : 사물 간의 관계를 살펴보면서 공통된 요소를 비교 분석하는 질문이다. 혼자보다는 짝과 함께 요소들의 개념을 정의하고 그들 사이의 관계를 찾아보면 더욱 깊이 있는 사고 활동이 될 수 있다. 예) 의자와 책상의 공통점 무엇입니까? - 둘 다 다리가 4개이고, 물체를 지지하는 데 사용합니다.
- 4단계. 차이점 질문(Difference) : 사물 간의 관계를 분석하면서 다른 관점을 찾아보는 질문이다. 특징을 구별해보거나 차이를 비교해보도록 안내하는 역할을 한다. 예) 책상과 의자의 차이점은 무엇인가요? - 책상은 글씨를 쓰거나 물건을 올려놓는 데 사용하고, 의자는 사람이 앉는 데 사용됩니다.
- 5단계. 아이디어에 대한 예 질문(Idea to Example) : 주제에 대한 다양한 예를 찾아보는 질문을 만든다. 이야기의 주제를 더욱 명확하게 하고 생각을 확장하는 연역적 사고방식이다. 예) 생활을 편리하게 도와주는 가구나 물건은 무엇이 있을까요? - 사물함, 거울 등
- 6단계. 예에 대한 아이디어 질문(Example to Idea) : 여러 사례를 통해 본질을 찾고, 주제를 일반화하는 질문이다. 즉, 많은 사실을 관찰하여 보편적인 주제를 도출해내는 방법이다. 이 과정에서 작가의 의도가 무엇인지 확실히 드러나고 내용을 통해 알게 되는 가치들을 일반화한다. 예) 책상과 의자를 통틀어 무엇이라고 말할 수 있나요? - 가구, 또는 삶에 도움이 되는 물건 등
- 7단계. 평가 질문(Evaluation) : 전체적인 감상을 하는 단계로 여러 가치 중에서 우선순위를 매기거나, 도덕적으로 중요한 순서대로 나열해보는 활동을 할 수 있다. 예) 책상과 의자의 바람직한 사용 방법은 무엇일까요?

그림책에 적용하는 싱크트릭스 질문법

여러 관계를 분석하여 공통점, 차이점을 찾고 새로운 아이디어를 찾아내는 싱크트릭스 7단계 사고 방법을 그림책 수업에 적용하면 짧은 텍스트 안에서 다양한 관점으로 질문을 만들 수 있다.

먼저, 기억 질문 단계에서는 중심 내용을 기억하고, 이야기의 흐름을 파악하기 위한 질문을 만든다. 2단계 원인과 결과 질문 만들기에서는 이야기의 핵심 사건의 원인이 무엇이고 그 결과가 어떻게 전개되었는지 찾아본다. 그리고 3~4단계에서는 관계를 분석하는 과정으로 인물 간의 공통점과 차이점을 찾다 보면 살아온 배경, 가치관, 성격 등 내면의 심리까지 파악할 수 있게 된다. 5단계에서는 그림책에서 예상되는 주제나 작가가 의도가 무엇일까 먼저 생각해보고 그 사례를 찾아보는 과정이다. 6단계 질문 만들기는 다양한 예시 활동이나 사건들을 살펴보면서 그림책의 주제를 일반화하는 단계이다. 마지막 7단계는 그림책의 주제에 대한 개인적인 견해나 찬반, 우선순위 등 전체적인 감상을 하는 단계이다. 등장인물 중에서 누구에게 가장 많이 공감하는지, 내가 주인공이라면 어떻게 했을지, 내가 작가라면 이야기의 결말을 어떻게 맺을지 등을 생각해본다.

싱크트릭스 질문법은 기존의 단조로운 질문 유형에서 벗어나 기억, 원인과 결과, 공통점과 차이점 찾기, 아이디어(주제) 찾기 등 새로운 각도로 서사를 깊이 이해하는 방법이다. 7단계 질문 만들기에 어느 정도 익숙해지면 7가지 질문을 세로축으로 하고 가로축에는 이야기의 구성 요소인 등장인물, 배경, 사건 등을 추가할 수 있다. 즉, 한 가지 요소가 아니라 가로, 세로 2가지 요소를 고려하여 질문을 만드는 것이다. 그러므로 고차원적인 사고가 필요하고 생각은 더욱 깊어지게 된다. 질문 만들기를 어려워하는 학생들도 '생각 매트릭스표'를 사용하여 각 영역에 맞게 질문을 만들다 보면 그림은 물론 텍스트 밖의 의미까지 살펴보게 된다. 싱크트릭스의 강점은 질문을 만드는 과정에서 학생들이 그림책의 주제에 대해 지식, 이해력, 창의성을 깊이 경험하는 것이다. 학생들은 스스로 질문을 만들고 만든 질문을 모둠원에게 물어본다. 또래 친구들과의 의사소통을 통해 자신의 생각을 표현하기도 하고, 새로운 사실을 받아들여 기존의 생각을 수정하기도 한다.

 그림책 수업에 적용할 경우 처음 시작 단계에서는 싱크트릭스 질문 7단계 중 기억, 원인과 결과, 공통점과 차이점 찾기 등 3~4가지 단계 정도의 질문을 만들어 활용하면 좋다. 이야기나 소설, 희곡을 배우는 고학년은 아이디어(주제)를 찾는 질문과 평가 질문을 추가할 수 있다. 이 과정이 어느 정도 익숙해지면 한 개의 차원이 아닌 가로, 세로 두 개의 차원으로 범위를 넓혀 다양한 질문을 만든다. 싱크트릭스 질문법을 활용하면 학생들이 각자의 단계에 맞는 질문을 만들고 점차 난이도를 높여 고차원적 질문에 도전할 수 있다.

『사자가 작아졌어!』를 소개합니다

『사자가 작아졌어!』는 주인공 사자가 생명을 유지하기 위해 아무 고민 없이 작고 약한 동물을 잡아먹는 것에서 시작된다. 엄마를 잃은 초식동물 가젤은 포식자인 사자와 우연히 만난다. 가젤은 위험에 빠진 사자를 구해주지만 자신의 원수를 용서할 수 없다. 그런 가젤의 마음을 돌리기 위해 사자는 다양한 방법으로 사과와 화해의 노력을 한다. 예쁜 꽃도 주고 노래도

정성훈 글·그림 | 비룡소

불러준다. 멋진 그림도 그려주고, 털도 정리해주고 발도 닦아주지만 가젤의 슬픈 마음을 달랠 수는 없다. '다 소용없어! 그냥 우리 엄마를 돌려 달란 말이야!' 가젤은 처음 사자를 만났을 때보다 더 슬프고 괴로워서 숨쉬기조차 힘들다. 더 이상 방법을 찾지 못한 사자는 아주 작은 목소리로 말한다. '그럼… 날 먹어.' 접시에 담겨있는 사자의 모습은 진정한 사과가 무엇인지 그림만으로도 충분히 공감하게 만든다. 아름다운 그림과 짧고 명료한 문장은 자연스럽게 이해와 용서의 의미를 전달한다.

『사자가 작아졌어!』는 짧지만 스토리가 있고, 등장인물 간의 갈등 구조가 명확하며 문제 해결의 과정을 담고 있다. 따라서 싱크트릭스 질문법의 원인과 결과 찾기, 등장인물의 공통점과 차이점 찾기, 평가 관련 질문 만들기에 적합하다. '몸이 작아진 사자는 어떤 기분이 들었을까?', '내가 개미처럼 작은 생명체가 된다면 어떤 일이 생길까?' 등 상상력을 펼칠 수 있는 질문 만들기 활동에도 적절하다. 또한, 다른 사람의 입장이 되어보는 입장 바꾸기 역할 놀이도 가능하다. 싱크트릭스 질문법을 통해 그림책을 깊이 읽고 내용을 분석해보는 과정은 작가가 표현하고 싶은 주제를 더욱 선명하게 함은 물론, 독자로 하여금 자신의 생각이나 주장을 여러 차원에서 생각해보게 할 것이다.

수업을 시작합니다

낱말 질문 나라

싱크트릭스 7단계 질문 만들기에 앞서 단어를 사용하여 질문을 만드는 연습을 하기 위한 놀이이다. 먼저, 1개의 단어를 이용하여 질문 만들기 연습을 하고, 어느 정도 익숙해지면 2개의 단어를 가로축과 세로축으로 놓고 질문을 만든다. 이는 싱크트릭스 7단계 질문 유형 중 가장 핵심이 되는 '아이디어(주제)에 대한 예', '예에 대한 아이디어(주제)'를 찾아보는 활동과 관련이 있다. 처음에는 색깔, 요일 등 구체적이고 단순한 주제어로 질문을 만들고 어느 정도 익숙해지면 감정, 진로 등 조금 더 추상적인 주제어를 적용해볼 수 있다. 단순한 2개의 단어가 아닌 가로축과 세로축에 놓고 두 단어가 만나는 지점에서 질문을 생각해봄으로써 사고의 범위를 넓히고 융합적으로 사고하는 능력을 기를 수 있다.

먼저 '교실'이라는 단어 1개를 주고 질문을 만들어보라고 한다. '교실에 친구들이 몇 명 있나요?', '우리 교실에는 왜 동물이 없나요?' 등 대부분의 학생이 쉽게 질문을 만든다. 그런데 질문이 아닌 문장을 쓴 학생이 간혹 있어서 그 학생에게는 이유나 대상을 물어보거나, 끝에 '~요?'를 붙이면 질문이 될 수 있다고 설명해준다. '교실에 칠판이 있다'를 '교실에 왜 칠판이 있나요?'라는 질문으로 바꾸는 학생이 있다. 1개 단어를 활용하여 질문 만들기를 연습한 후 이번에는 가로축과 세로축에 단어를 놓고 두 단어를 이용하여 질문 만들기 놀이를 한다.

〈놀이 방법 – 모둠활동〉

준비물 : 노란색 카드 7장, 파란색 카드 7장, 네임펜

① 노란색 카드의 뒷면에는 각각 7개 요일을 적는다.
② 파란색 카드의 뒷면에는 각각 7가지 무지개색을 적는다.
③ 글씨가 보이지 않도록 카드를 뒤집어 놓는다.
④ 가로에는 노란색 카드를, 세로에는 파란색 카드를 한 줄로 놓는다.
⑤ 가위바위보를 해서 이긴 사람이 먼저 노란색 카드 하나와 파란색 카드 하나를 뽑는다.
⑥ 2개 카드의 단어를 이용하여 질문을 만든다.
⑦ 질문을 만들면 카드를 가져가고 정해진 시간에 더 많은 카드를 가진 학생이 이긴다.

두 가지 주제어로 된 단어를 사용하여 질문을 만들었더니 '수요일에 주황색 당근을 먹었나요?', '토요일에 초록색 시금치를 먹었나요?' 등 비슷한 유형의 질문만 계속 되풀이하는 모둠이 있었다. 그래서 4인 1모둠이기 때문에 한 질문이 만들어지면 그 질문에 대한 나머지 친구들의 의견을 들어보도록 했다. 좋은 질문이면 엄지를 위로, 다른 사람이 만든 질문과 똑같은 유형의 질문이거나, 자연스럽지 못한 질문이면 엄지를 아래쪽으로 향하게 하여 모든 친구가 좋은 질문이라고 하면 카드를 가져갈 수 있도록 추가 제시했다.

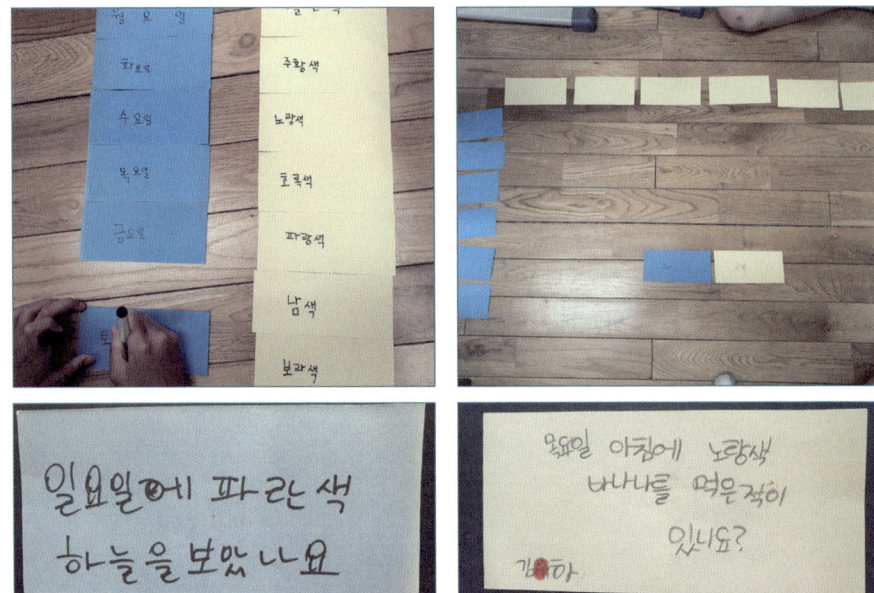

어느 정도 질문 만들기 활동이 활발하게 이루어지자 아이들이 7개의 단어를 다른 주제로 바꾸어도 되는지를 물었다. 무엇이든 된다고 하고 다만 카드가 7장이므로 7가지 주제어이면 더 좋겠다는 조건을 제안했다. 1반, 2반 등 반 이름으로 주제어를 만든 모둠이 있었고, 어린이집, 유치원, 초·중·고, 대학교, 대학원 등 독창적인 아이디어를 생각해낸 모둠도 있었다. 또 국어, 수학 등 7개의 교과목을 쓰거나 가족, 운동 경기 종목 등으로 다양한 질문을 만들었다. 주제어를 생각해내고 다양한 예를 찾아보게 하는 이 놀이는 이후 본격적인 7단계 질문 만들기에 쉽게 접근할 수 있게 하고 생각의 범위를 넓히는 데 도움이 된다.

학생들이 만든 질문 예시

- 토요일, 노란색 ⇨ 토요일에 노란색 티를 입고 어디로 놀러 갈까?
- 어린이집, 노란색 ⇨ 어린이집과 노란색이 잘 어울리는가?
- 할머니, 빨간색 ⇨ 할머니가 만들어주신 빨간색 목도리는 어디 갔을까?
- 일요일, 수학 ⇨ 일요일에 수학학원에서 보충 수업을 해본 적이 있나?
- 5반, 체육 ⇨ 3학년 5반 친구들은 왜 체육을 많이 할까?

7단계 질문 만들기

1단계 : 기억 질문

그림책을 읽고 중요한 내용을 요약하거나 사건의 흐름을 기억하기 위한 질문을 만드는 단계이다. 교과서에서 배운 사실 질문과 비슷함을 안내하고, 만든 질문으로 짝과 서로 묻고 답해보면서 내용을 바꾸거나 수정하도록 한다.

학생들이 만든 '기억 질문'	학생 대답
1. 사자는 어제저녁에 무엇을 잡아먹었나?	가젤의 엄마
2. 가젤이 우는 이유는 무엇인가?	엄마가 죽어서
3. 사자는 가젤의 마음을 풀어주기 위해 어떤 행동을 했나?	노래를 부르고 꽃을 선물하고 그림을 그려주었다.
4. 강을 건너던 사자는 어떻게 되었나?	갑자기 작아졌다.
5. 사자는 어떻게 다시 커지게 되었나?	가젤을 진심으로 위로한 후 커졌다.

2단계 : 원인과 결과 질문

2단계 질문 만들기는 이야기의 핵심 사건의 원인이 무엇이고 그 결과가 어떻게 전개되었는지 찾아보는 단계이다. 원인과 결과 질문은 그림책을 여러 번 읽으면 어느 정도 파악이 가능한 것으로 본문 내용을 중심으로 추측해보라고 제시하면 좋다. 학생들이 찾은 중심 사건은 '사자가 작아진 원인은 무엇인가?'였고, 그 원인은 '생명을 죽이는 행동을 했기 때문에'였다. 사자가 가젤을 잡아먹은 행동의 결과를 찾아보는 질문을 만들 때는 자신의 행동에 책임지려고 온갖 노력을 하는 사자의 모습에 공감하는 의견이 많았다. 어떤 일에 대한 원인과 결과를 생각해봄으로써 책임의 중요성을 배울 수 있었다.

학생들이 만든 '원인과 결과 질문'	학생 대답
1. 강에 빠진 사자를 구해주지 않았다면 어떤 일이 일어났을까?	사자가 죽었을 것이다.
2. 가젤이 다시 사자를 물에 빠뜨리려고 한 이유는 무엇인가?	자신의 엄마를 잡아먹은 사자이기 때문에
3. 사자가 가젤의 엄마를 잡아먹을 수밖에 없었던 원인은 무엇인가?	아프리카에는 먹이가 없기 때문에
4. 사자가 가젤에게 용서받기 위한 마음이 없었다면 어떻게 되었을까?	남을 이해하지 못했을 것이다.
5. 사자가 가젤에게 사과를 하게 된 이유는 무엇인가?	가젤 엄마의 죽음 때문에

3~4단계 : 공통점 질문 + 차이점 질문

인물이나 사건 사이의 관계를 분석하는 단계이다. 등장인물의 유사한 점과 다른 점을 찾아보고 각 사건에 대한 감정과 느낌에 대한 질문을 만들 수 있다. 실제로 학생들이 만든 3~4단계 질문을 보면 주인공의 심리를 묻는 것이 많다. 질문 만들기를 통해 아무 감정이 없었던 사자가 가젤의 슬픔에 공감하면서 서로의 차이점을 인정하는 과정을 더 깊이 들여다보게 되었다.

학생들이 만든 '공통점 질문'	학생 대답
1. 사자와 가젤이 살고 있는 장소는 어디인가?	아프리카 초원
2. 사자와 가젤이 비슷한 감정을 가졌던 때는 언제인가?	사자가 눈물을 닦아줄 때
3. 사자와 가젤이 느끼는 슬픔의 공통점은 무엇인가?	엄마에 대한 그리움
4. '정말 슬플 것 같았어'에서 알 수 있는 사자의 마음은 무엇인가?	엄마를 잃은 가젤의 슬픔을 알게 되었다.
5. 엄마를 잃은 가젤의 마음을 사자도 이해할 수 있을까?	다는 아니지만, 어느 정도 이해했다.
학생들이 만든 '차이점 질문'	학생 대답
1. 가젤과 사자는 어떤 음식을 먹는가?	가젤은 초식, 사자는 육식을 한다.
2. 가젤이 화를 내는 방법은 내가 화났을 때의 반응과 어떻게 다른가?	가젤은 슬픔을 이겨내려고 노력하는데, 나는 폭발한다.
3. 가젤은 사자처럼 접시 위의 음식을 먹을 수 있을까?	먹지 못할 것이다.
4. 사자가 엄마를 잡아먹을 때의 심정과 가젤의 마음은 어떻게 다른가?	사자는 아무 생각이 없었고, 가젤은 마음이 아팠다.
5. 사자가 작아질 때와 다시 커질 때의 다른 점은 무엇인가?	다시 커질 때는 다른 동물의 입장을 생각하게 되었다.

5단계 : 아이디어에 대한 예 질문

그림책에서 예상되는 주제나 작가의 의도가 무엇일까 먼저 생각해보고 그 사례를 찾아보는 단계이다. 주제를 찾기 위해서는 책을 읽고 떠오른 감정이나 생각, 중요한 사건 등을 찾아 나열해보는 것이 도움이 된다. 어떤 의견이든 자유롭게 말할 수 있고, 다른 사람의 생각을 진심으로 경청해야 한다는 것을 강조한다. 또한, 교사도 허용적인 분위기를 만들어 학생들이 주도적으로 발표할 수 있도록 칭찬하고 격려해야 한다.

학생 1	『사자가 작아졌어!』의 주제는 뭐죠?
교사	좋은 질문이에요. 이 책을 다 읽고 맨 처음 마음속에 떠오른 생각이 무엇이었나요?
학생 2	용서란 무엇인지 생각하게 되었어요.
학생 3	다른 사람의 입장을 이해하자는 내용 같아요.
학생 4	작은 생명도 죽이지 말고 존중하자는 내용이요.
교사	맞아요. 사람마다 책을 읽은 느낌이 다르고, 중요하게 생각하는 부분이 달라서 여러 주제가 나올 수 있어요. 그럼 먼저 진정한 용서란 무엇인지를 알 수 있었던 행동이나 사건이 있었는지 찾아볼까요?
학생 2	'그럼, 나를 먹어' 했던 사자의 행동이 떠올랐어요.
교사	그 이유는 무엇인가요?
학생 2	'용서를 쉽게 받을 수는 없구나', '상대방의 마음이 풀릴 때까지 해야 하는구나.' 하는 생각을 했기 때문입니다.
교사	잘 찾아냈네요. 다른 부분은 없을까요?
학생 3	사자가 눈물을 닦아주는 장면도 있어요. 가젤이 이때 사자를 용

	서하기 시작한 것 같아요.
교사	좋아요. 이렇게 주제와 관련된 사례를 찾아보는 활동이 '아이디어에 대한 예' 질문입니다. 그럼 각자 학습지에 생각나는 대로 적어보세요.

학생들이 만든 '아이디어에 대한 예 질문'	학생 대답
1. 사자는 살기 위해 가젤에게 어떤 행동을 했나?	용서를 구했다.
2. 친구에게 사과할 때 내가 사용하는 방법은 무엇인가?	미안하다고 편지를 쓴다.
3. 사자가 용서를 구하기 위해 한 행동에는 무엇이 있는가?	노래를 부르고, 꽃을 선물하고, 그림을 그려주었다.
4. 사자가 용서를 구한 방법 중에 가장 마음에 드는 것은 무엇인가?	눈물을 닦아주는 장면
5. 가젤의 마음이 흔들렸던 사자의 사과 방법은 무엇이라고 생각하는가?	자신을 먹으라고 한 것

6단계 : 예에 대한 아이디어 질문

6단계 질문 만들기 과정은 다양한 예시 활동이나 사건들을 살펴보면서 그림책의 주제를 일반화하는 단계이다. 전 단계에서 자유롭게 발표한 의견들을 유목화해보고 비슷한 가치들을 모아 핵심 단어로 정의해본다. 학생들이 어려워할 경우 가장 인상 깊은 장면을 먼저 뽑고, 그것을 보면서 '예에 대한 아이디어'를 찾아보도록 하는 것도 도움이 된다. 학생들이 뽑은 가장 감동적인 장면은 접시 위의 사자(1위), 가젤의 눈물을 닦아주는 모습(2위), 사자와 가젤이 눈을 마주치는 장면(3위) 등이었다.

교사	여러분이 뽑은 이 책의 가장 인상적인 부분은 바로 사자가 자신을 잡아먹으라고 하면서 접시에 누워있는 장면입니다. 이 장면을 뽑은 이유는 무엇인가요?
학생 1	사자가 너무 불쌍해 보여요.
학생 2	깜찍하고 귀여워서요.
학생 3	사자의 마음을 단번에 알 수 있었어요.
학생 4	그림에서는 사자의 마음을 알 수 있었고, 글에서는 가젤의 마음을 알 수 있었어요.
교사	그렇군요. 그럼 사자의 행동과 가젤의 행동을 통해 우리가 짐작할 수 있는 핵심 주제는 무엇일까요?
학생 3	잘못을 했으면 진심으로 끝까지 용서를 구하라는 것입니다.
교사	사자가 한 것처럼 말이지요? 가젤이 입장에서는 어떤 것을 알 수 있나요?
학생 1	진정한 용서는 가젤처럼 피해자의 마음이 풀리는 것입니다.
교사	맞아요. 그래서 사자와 가젤은 어떻게 되었나요?
학생 2	친구와 같은 사이가 되었어요. 잡아먹지 않고요.
교사	잘했어요. 지금까지 우리가 이야기한 것을 6단계 질문으로 만들어볼까요?

학생들이 만든 '예에 대한 아이디어 질문'	학생 대답
1. 사자의 행동들을 보고 가젤의 마음은 어떻게 변했나?	점차 화가 줄어들었다.
2. 진정한 용서란 어떤 것일까?	상대방의 화가 풀어질 때까지 하는 것이다.

3. 사과는 어떤 마음으로 해야 할까?	잘못을 인정하는 마음으로 해야 한다.
4. 용서를 구하는 사자의 행동을 보며 어떤 생각이 들었나?	사자도 불쌍하다는 생각이 들었다.
5. 용서와 비슷한 단어는 무엇이 있을까?	이해, 사과, 존중, 화해, 타협 등.

6단계 질문 만들기에서는 의견이 서로 다르고 주제어를 찾지 못하는 학생이 많아서 2명 또는 모둠별로 의논할 시간을 충분히 주었다. 토론을 통해 모둠 대표 질문 1개를 만들고, 그 질문에서 말하고자 하는 가장 중요한 가치를 한 단어로 찾아보도록 했다. '용서', '사과', '존중'이라는 단어가 많았다. 또한, 사자의 입장과 가젤의 입장에서도 생각해보도록 안내했다. 학생들은 가젤의 입장에서 '용서란 무엇인가?', 사자의 입장에서는 '진정한 사과란 어떻게 하는 것인가?'라는 질문을 찾아냈고, 예상되는 답을 써 본 다음 한 문장으로 가치 사전을 만들어보도록 했다. '용서란 잘못을 부드럽게 내려놓는 것' 등 학생들이 만든 가치 사전 활동은 주제어를 일반화하는 데 도움이 되었다.

7단계 : 평가 질문

그림책에 대한 전체적인 감상을 하는 단계로 우선순위, 가치 판단의 중요도를 생각해보는 단계이다. 어느 인물에 공감이 가는지, 나라면 어떻게 할지 등 자기 생각을 정리할 수 있도록 충분한 시간을 주어야 한다. 토론을 통해 입장을 정리하고, 그 내용을 평가 질문으로 만들어 발표를 하거나 글로 표현해도 좋다. 학생들이 만든 질문은 크게 2가지로 구분되었다. 하나는 '사자가 살기 위해 가젤의 엄마를 잡아먹은 것이 꼭 용서를 구해야

주제어로 만든 가치 사전

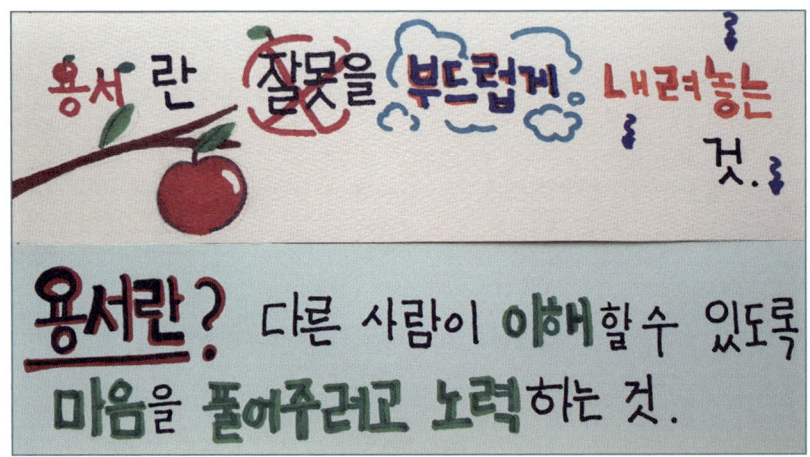

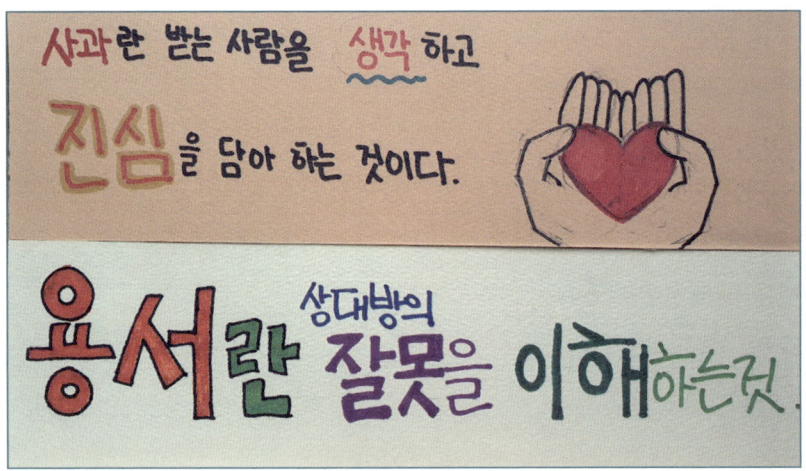

하는가?'이고, 다른 하나는 '내가 만약 가젤이라면 사자를 용서할 수 있을까?'였다. 6단계 질문 만들기 활동에서 사자의 입장과 가젤의 입장을 모두 충분히 생각해보았기 때문에 각각의 입장을 대변하는 질문이 자연스럽게 만들어졌다고 볼 수 있다.

학생들이 만든 '평가 질문'	학생 대답
1. 가젤의 엄마를 잡아먹은 사자의 행동은 비난받아야 할까?	비난받을 만한 일이 아닐 수 있다.
2. 눈물을 닦아주는 사자의 행동은 가젤에게 어떻게 보였을까?	진심으로 느껴졌을 것이다.
3. 내가 만약 가젤이라면 사자를 용서했을까?	용서하기 힘들었을 것이다.
4. 가젤이 사자를 물에 빠뜨리지 않은 것은 잘한 것일까?	다른 생명을 죽이지 않았으므로 잘한 것이다.
5. 사자는 가젤에게 용서를 구해야 했을까?	일단 위기에 처했으므로 용서를 구해야 살 수 있다.

7단계 평가 질문 만들기 활동 후 '사자는 가젤에게 용서를 구해야 한다'라는 주제로 가치 수직선 토론을 했다. 가치 수직선 토론은 1~10까지의 범위를 주고 '매우 그렇다'는 10에 가깝게, '전혀 아니다'는 1에 가깝게 자신의 의견을 붙여 토론하는 방법이다. 주제에 대한 자기 생각을 수직선의 어느 지점에 놓아봄으로써 반 전체의 의견 분포도를 파악할 수 있고, 같은 입장이지만 지지하는 정도가 다름을 나타낼 수도 있다. 또한, 자신의 견해를 바로 발표하기 어려워하는 학생도 먼저 주장의 이유를 글로 써보고 칠판에 붙인 후 다른 사람의 견해를 보면서 위치를 조정할 수 있으므로 토론 및 발표에 대한 두려움을 줄일 수 있다.

토론 전에 '사자는 가젤에게 용서를 구해야 한다'에 대한 주장과 그 이유를 큰 헥사카드에 써서 수직선에 붙인 후 각자의 의견을 발표했다. 그리고 찬성(10)과 반대(1)의 양 끝에 있는 학생 2명이 나와 각자의 주장을 펼치고 반박을 했다. 찬성 10인 학생은 사자가 가젤의 엄마를 죽였기 때문

가치 수직선 토론 전

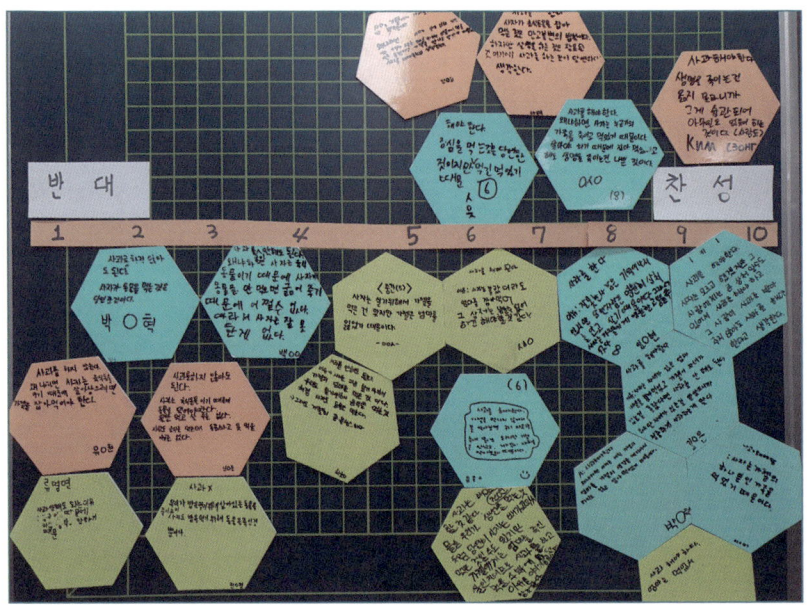

에 사과를 해야 한다고 했고, 반대 1인 학생은 사자는 육식을 해야 살 수 있는 동물이므로 어쩔 수 없다고 대답했다. 그러자 찬성 10인 학생이 그럼 살기 위해 가족도 잡아먹을 수 있냐고 하자 반대 1인 학생이 대답하지 못했다. 청중 중에 보충 대답으로 도움을 줄 수 있냐고 했더니 가족을 잡아먹을 수는 없지만 살기 위해 다른 동물을 잡아먹는 건 자연의 법칙이라고 반박해주었다. 그다음 찬성(9)과 반대(2)인 학생들이 나와 토론을 벌였다. 수직선을 반으로 접었을 때 만나는 학생이 짝이 되어 토론을 하는 것이다.

토론을 마치고 이번 토론을 통해 자신의 주장이 바뀐 사람이 있는지 물어보고 다시 한번 수직선에 자신의 이름을 붙여보도록 했다. 6명의 학생이 생각이 바뀌었다고 대답했다. 토론 전에는 찬성 쪽이 더 많았는데, 토

가치 수직선 토론 후

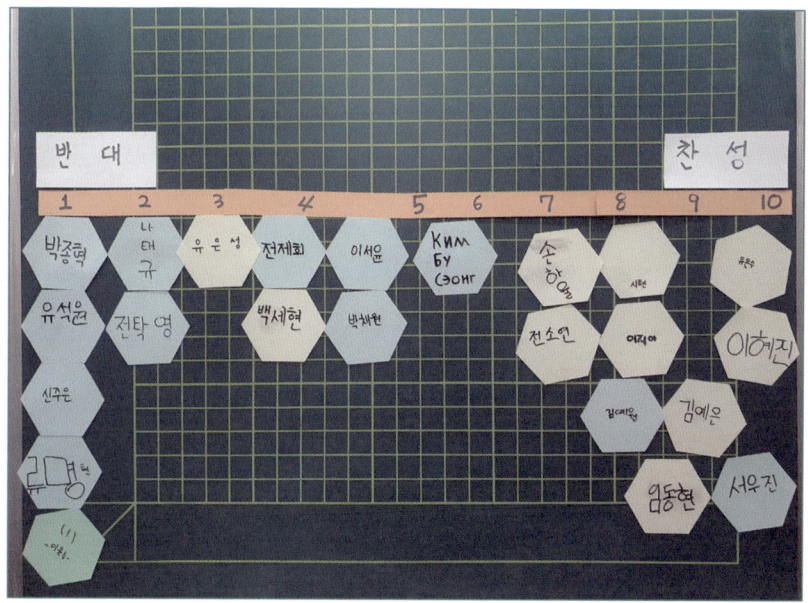

론 후 찬성과 중간 위치가 줄어들고 사자의 육식은 당연하다는 반대쪽으로 의견이 많이 기울었다. 이처럼 가치 수직선 토론은 학생들이 적절한 근거를 통해 자신의 주장을 펼칠 수 있고, 다른 사람의 의견을 수용하는 사고의 유연성을 기르는 데 도움을 준다.

싱크트릭스 7단계 질문 만들기가 끝나고, 마지막으로 여기에 등장인물, 배경, 가치, 줄거리, 갈등의 조건을 추가 제시했다. 7단계의 질문을 만들되 등장인물의 입장에서 또는 배경에 집중해서 질문을 다시 생각해보게 했다. 학생들이 만든 질문 중 '사자와 가젤이 처음 만난 장소는?' 질문은 사건을 묻는 '기억 질문'이면서 동시에 장소를 기억하는지를 묻는 공간적 '배경'과 관련된 질문에 해당한다. '가젤은 왜 사자를 다시 물에 빠뜨리려고 했나요?'는 일의 원인을 찾는 '원인과 결과 질문'이면서 동시에 이야기의 핵심 '갈등' 질문이었다.

 이렇게 가로, 세로 두 가지 차원에서 질문을 만들다 보면 생각이 깊어지고 전에 생각하지 못했던 내용을 떠올리게 되는 장점이 있다. 또한, 그림책을 여러 번 읽으면서 입체적으로 들여다보게 된다. 도전적인 성향의 학생들은 '와~ 점점 복잡해지네?' 하면서 점점 어려워지지만 뭔가 여러 가지 생각을 해야 한다며 관심을 보였다. 그래서 이미 만든 7단계 질문을 등장인물, 배경, 갈등 중 어느 조건과 관련되는지 분류해보도록 했다. 이 활동은 사전에 '낱말 질문 나라' 놀이와 '7단계 질문 만들기 연습'이 충분히 이루어진 후에 해볼 수 있는 심화 과정으로 초등학교 고학년 이상 학생에게 추천한다.

6×6 주사위 질문판 놀이

 7단계 질문 만들기 활동을 마친 후 학생들이 만든 질문으로 6×6 주사위 질문판 놀이를 했다. 본 게임에 앞서 말판의 역할을 하는 질문판을 학생들이 직접 완성했다. 모둠별로 빈칸에 어떤 질문이 들어가면 적절할지 의논한 후 포스트잇에 써서 예시를 붙이고, 전체적으로 함께 보면서 질문의 위치를 조정했다. 예를 들면 '가젤은 왜 사자를 다시 물에 빠뜨린다고 했나요?' 질문은 처음에 가로5×세로1의 위치였으나 기억 질문일 수도 있지만 원인과 결과 질문에 해당되고, 또한 갈등과도 연결이 된다고 하여 5×2의 위치에 배치했다.

	1 (배경)	2 (등장인물)	♪ (보너스)	4 (가치)	5 (갈등)	6 (줄거리)
1 (기억)	사자와 가젤은 어디에서 살고 있었나요?		+10점			
2 (원인과 결과)			+10점		가젤은 왜 사자를 다시 물에 빠뜨린다고 했나요?	
♪ (보너스)	+10점	+10점	+20점	+10점	+10점	+10점
4 (비슷한 점)		사자와 가젤의 공통점은 무엇인가요?	+10점			
5 (다른 점)		사자와 가젤은 각각 어떤 먹이를 먹나요?	+10점	사자는 느릿느릿, 가젤은 서둘러 집으로 돌아간 이유는 무엇일까요?		
6 (평가)			+10점	사자가 동물을 잡아먹는 것이 잘못된 일인가요?		이 책의 결말이 마음에 드나요? 그 이유는 무엇인가요?

〈놀이 방법 – 모둠활동〉

준비물 : 말판, 주사위 2개, 질문판

① 가위바위보를 하여 이긴 사람이 먼저 주사위 2개를 순차적으로 던진다.

② 나온 주사위 2개의 숫자가 교차하는 지점에 질문이 있으면 대답한다.

③ 올바른 대답을 하면 주사위 숫자의 합만큼 점수를 얻는다.

④ 빈칸일 경우 가로, 세로에 해당하는 질문을 만들어야 점수를 얻을 수 있다.

⑤ 정해진 시간 안에 점수가 많은 학생이 이긴다.

첫 번째 학생이 주사위를 2개를 순차적으로 던져서 5와 2가 나왔다. 먼저 나온 숫자가 가로, 나중에 나온 숫자가 세로에 해당된다. 질문판에서 5와 2가 만나는 지점에는 '가젤은 왜 사자를 다시 물에 빠뜨린다고 했나요?'라는 질문이 있다. 학생은 이 질문에 대해 '자기 엄마를 잡아먹은 원수이기 때문에'라고 대답을 해서 5+2=7점을 얻는다. 이와 같이 돌아가며 차례로 놀이를 진행하는데 보너스 점수가 있는 곳은 주사위 점수에 보너스 점수를 더한 값이 점수가 된다. 그리고 빈칸이 나올 경우에는 주사위를 던진 학생이 직접 질문을 만들어야 해당 점수를 가져갈 수 있다.

질문판의 점수를 정할 때는 질문에 답을 하는 것보다 질문을 만드는 것이 어려우므로 보너스 점수를 더 주어야 한다. 특히, 질문판의 오른쪽으로 갈수록 질문이 어려워지므로 난이도를 고려해서 추가 점수를 주는 방법도 고려해보면 좋다.

놀이 후 소감으로 '질문의 종류가 많다는 것을 알았다', '자신에게 계속 질문하며 그 이야기를 떠올리는 방법을 배웠다.', '여러 질문을 만들며 조금 어려웠는데 게임하면서 하니까 시간이 짧다고 느껴질 정도로 재미있었다', '책의 내용을 더 자세히 알게 되었다.' 등 긍정적인 반응이 많았다. 주사위 질문판 놀이를 통해 공부라고 생각했던 질문 만드는 활동을 게임으로 연결하면 서로 힌트를 주고받으면서 함께 배우는 즐거운 경험을 할 수 있다.

마무리 활동
학생들이 만든 질문들이 철학적이기도 하고, 자신의 삶과 연관되는 의미 있는 내용이 많아서 이것을 담아 질문 그림책 만들기를 했다. 친구들의 글과 그림을 살펴보면서 자신이 미처 생각하지 못했던 질문을 찾아볼 수 있다. 그리고 각 질문에 대한 답을 주고받으면서 다른 사람의 생각이 나와 같을 수도, 다를 수도 있음을 알게 된다. 완성된 그림책은 게시판이나 학급 문고에 비치하여 돌아가며 읽을 수 있게 한다. 또는 그림 파일로 저장한 뒤 온라인 학급 소통 창구에 올려 함께 감상할 수도 있다.

〈질문 그림책 만들기〉

준비물 : 5p 무지 스크랩북, 라벨지(160×38mm), 메모지, 네임펜

① 놀이를 하면서 알게 된 질문 중에서 가장 인상 깊은 질문을 1개 정한다.
② 메모지에 질문을 적되 서로 겹치지 않도록 하고 자신의 이름도 적는다.
③ 메모지를 모아 라벨지로 질문 목록을 출력한다.
④ 질문 목록 중 답을 하고 싶은 질문을 1개씩 고른다.
⑤ 무지 스크랩북 첫 장 표지를 남기고 2번째 장부터 차례로 질문 라벨지를 붙인다.
⑥ 책을 돌리면서 답을 하고 싶은 질문이 나오면 네임펜으로 답을 쓰고 그림을 그린다.
⑦ 모둠별로 만든 질문 그림책의 제목을 정하고 앞뒤 표지를 완성한다.

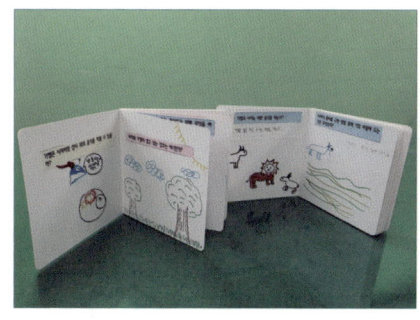

6장

그림을 읽으며 대화하는
VTS 질문법

VTS 질문법이란?

VTS(Visual Thinking Strategies)*는 1991년 뉴욕 현대 미술관 이사진이 미술관에서 제공하는 교육 프로그램에서 관람객이 배우는 것이 무엇인지 의문을 가지며 시작되었다. 이에 필립 예나윈(Philip Yenawine)이 뮤지엄과 학교 현장에서 실제 사례를 중심으로 연구하면서 시각적 문해력 신장을 위한 방법으로 VTS를 개발했다. 자신의 경험에 따라 인지하고 받아들인다는 구성주의 이론을 기반으로 하여 미술 작품을 활용해 시각적 문해력과 사고력, 타인의 말을 듣고 자신의 의견을 표현하는 의사소통 기술을 가르치고자 하는 방법이다. 시각적 사고를 바탕으로 토의를 통해 이미지 읽기를 촉진하는 방법이기도 하다.

인간은 태어나면서부터 주변을 관찰하고 끊임없이 질문한다. 자유롭게 생각하며 호기심을 갖고 그 과정에서 질문을 통해 배경지식을 확장시킨다. VTS는 시각적인 관찰과 질문의 과정에서 생기는 배움을 통해 문제 해결력과 사고력의 향상을 기대할 수 있다.

본격적인 질문과 토의의 과정을 위해서는 작품 바라보기 즉, 관찰의 시간이 있어야 한다. 작품을 주의 깊게 관찰할 수 있도록 하는 것은 질문 만들기의 중요한 과정이다. 질문하기와 대답하기의 과정이 이루어지는 동안 교사는 학생의 대답에 반응을 하는데, 이때의 반응 태도는 학생의 어휘

---

* 필립 예나윈, 『이미지로 키우는 사고력, VTS』, 미술문화, 2019, 인용 및 참고

력 향상에 큰 도움을 준다. 교사가 VTS의 과정에서 해야 하는 반응에는 가리키기(pointing), 바꾸어 말하기(paraphrasing), 연결하기(linking)가 있다. 가리키기는 시각적인 바꾸어 말하기라고 할 수 있는데, 학생이 질문에 대답한 것을 교사가 그림을 보며 다시 확인해주는 반응이다. 학생의 말에 교사가 집중하고 있음을 보여줌으로써 학생이 더 집중하며 관찰하게 된다. 바꾸어 말하기는 학생이 대답한 것에 의미를 더 명확한 표현으로 바꾸어주는 것으로, 학생의 말을 교사가 잘 이해하고 있다는 것을 확인시켜 준다. 마지막으로 연결하기는 학생이 처음에 표현한 이야기에서 어떻게 발전하고 변화되었는지를 연결해주면서 새로운 사실을 추가해 다른 의미를 만들어낼 수 있도록 돕는다.

VTS 연구에 합류한 하우젠은 이미지로 키우는 사고력 촉진을 위하여 VTS 질문법 단계를 다음과 같이 구상했다.

- 1단계 – 이 그림에서 무슨 일이 일어나고 있나요?
  학생이 작품을 보면서 보이는 것만을 찾는 것이 아니라 보이지 않은 것까지 찾게 하는 질문이다. '무엇이 보이나요?'라는 질문보다 학생의 사고력을 촉진하면서 어휘력을 높일 수 있도록 하는 질문 단계이다.
- 2단계 – 무엇을 보고 그렇게 말했나요?
  작품을 해석하게 된 근거를 생각하게 하는 질문으로 시각과 사고의 상호작용이 일어나게 하는 질문이다. 부분과 전체에 대한 추론을 촉진시킨다.
- 3단계 – 또 무엇을 더 찾을 수 있나요?
  학생들의 생각을 확장시키는 질문으로 사고의 유연성을 촉진시킬 수 있다. 이야기를 연결하며 새로운 사실을 발견할 수 있도록 돕는다.

그림책에 적용하는 VTS 질문법

그림책은 글과 그림이 함께하는 예술작품으로 그림책을 읽는 독자는 글을 읽고 그림을 본다. 그림책에서의 글과 그림은 상호보완의 관계이기도 하지만, 글과 그림이 따로 전개되기도 한다. 상호보완의 관계에서는 글과 연계해서 그림을 볼 수 있지만, 글과는 다른 방향으로 그림을 이해하고 이야기를 만들어갈 수도 있다.

VTS 질문법은 그림을 보며 그림의 의미를 읽는 과정을 통해 이야기를 만들어가는 질문법이다. 그림책에서 VTS 질문법의 단계에 따라 어떤 일이 일어나고 있는지, 무엇을 보면서 그렇게 생각했는지, 다음에는 어떤 일이 일어날 것 같은지를 질문하면 독자는 그림을 보며 새로운 이야기를 만들고 어휘력을 확장시킨다. VTS 질문법은 글 없는 그림책에서 더 많이 활용될 수 있다. 읽는 사람마다 자신의 경험을 바탕으로 다르게 해석하고 이야기를 재창조할 수 있기 때문에 VTS 질문법을 적용하기에 효과적이다. VTS 질문법을 활용한 그림책 읽기는 독자가 그림을 관찰하고 관찰한 내용을 바탕으로 의미를 부여하며 창의적으로 이야기를 만들 수 있게 하므로 상상력과 사고력도 향상시킬 수 있다.

그림을 읽는다는 것은 자신의 방식대로 그림을 이해하고 해석한다는 것이다. VTS 질문은 그림에서 무엇이 보이는지를 찾는 것이 아니라, 그림에서 무슨 일이 일어나고 있는지를 생각하여 이야기를 만들어내도록 하는 질문이다. 학생이 찾아내는 이야기에 교사의 적절한 반응이 더해져서 학생의 어휘력이 향상되고, 이야기와 이야기의 연결을 위한 단서를 찾아가며 사고력을 향상시킬 수 있다. 이러한 VTS 질문법은 이미지를 자기만의 방식으로 해석하고 의미를 만드는 시각적 문해력을 발달시키는 질문이라고 할 수 있다.

　VTS 질문법을 이용해 수업할 때 교사는 직접 지시하면서 가르치려고 하지 말고 학생이 스스로 생각하고 탐구할 기회를 주어야 한다. 교사가 원하는 목표에 도달하는 것이 아니라 학생 스스로 목표에 도달하도록 하는 과정을 중요시한다. 그러므로 VTS 수업에서는 학생들의 의견을 존중하고 협력을 돕는 방식으로 진행되며 이러한 과정을 통해 변화하는 사회에 대처하는 역량을 키울 수 있게 된다.

『안녕? 나의 핑크 블루』를 소개합니다

　사진작가 윤정미의 '핑크&블루 프로젝트'를 기반으로 출간된 사진 그림책으로 첫 장면에 인형들 사이에 웃고 있는 아기의 방이 나온다. 아기 방에 있는 많은 물건은 아기를 위해 부모가 마련해놓은 옷과 장난감들이다. 다양한 캐릭터 인형과 신발, 드레스, 책, 아기 그릇 등을 자세히 보면 공통점을 발견할 수 있다. 아기 방의 많은 물건이 핑크색이라는 것이다. 일반적으로 사람들은 여자아이에게는 핑크, 남자아이에게는 블루의 물건을 사준다. 아기가 태어나면서부터 핑크나 블루색의 물건을 선택한 것도 아니고 좋아한다고 표현한 것도 아닌데, 어른들은 남자아이와 여자아이의 색을 구별해 어렸을 때부터 정해주곤 한다. 그렇게 핑크와 블루 물건들 사이에서 생활하며 익숙해진 아이들은 익숙한 색을 좋아하게 되는 경우가 많다. 그러나 아이들이 자라 학교에 가게 되면서 그들은 자신들이 좋아하는 색을 찾는다. 아이들의 성장을 담으며 찍은 '핑크&블루 프로젝트'의 아이들도 어른들이 정해준 여자의 색, 남자의 색에서 벗어나 자신만의 색을 찾

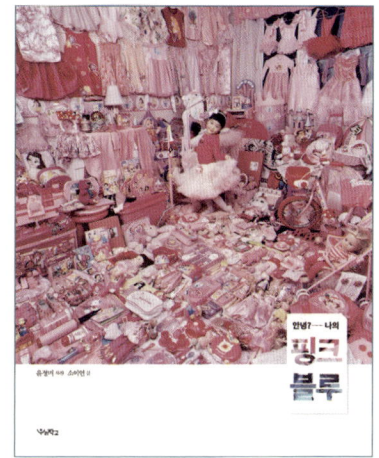

윤정미 사진 | 소이언 글 | 우리학교

으며 계속 성장하는 모습을 볼 수 있다.

  이 그림책에는 학생들이 성장하면서 가지고 놀았던 물건들이 사진으로 표현되어 있어서 VTS 질문을 통해, 학생들은 어린 시절을 회상해보고 현재의 나를 바라보게 할 수 있다. 『안녕? 나의 핑크 블루』는 VTS 질문법을 적용해 학생들의 성장 과정을 끌어내고 더 나아가 양성평등에 대한 개념까지 다루기에 적합하다. 1단계 '무슨 일이 일어나고 있는지'의 질문을 통해 자신의 성장 과정을 담은 이야기를 만들어내고, 2단계 '무엇을 보고 그렇게 생각했는지'를 답하며 그림과 자신의 이야기를 연결짓는다. 3단계 '또 무엇을 더 찾을 수 있는지' 질문을 생각하면서 사진 속 물건들을 더 자세히 관찰하게 되고 사진에 담겨 있는 의미를 생각하면서 남성, 여성, 양성평등까지 토의해볼 수 있다.

수업을 시작합니다

틀린 그림을 찾아라

VTS 질문법을 활용한 수업을 위해서는 그림을 관찰하며 놀 수 있는 틀린 그림 찾기를 한다. 이 놀이는 학생들에게 그림을 자세히 보게 하고 그림에 대한 흥미를 유발시킨다.

〈놀이 방법〉

① 2팀으로 나누고 팀 내에서 참여 순서를 정한다.

② 각 팀의 1번이 나온다.

③ 한 세트 그림을 2명에게 동시에 보여주고 그 그림에서 틀린 그림을 찾는다.

④ 제한 시간 3분 동안 틀린 그림을 빨리 찾는 사람의 팀이 1점을 얻는다.

⑤ 두 사람이 3분 이내에 틀린 그림을 모두 찾지 못하면 틀린 그림을 더 많이 찾은 사람이 1점을 얻는다.

⑥ 각 팀의 순서대로 모두 나와 놀이를 진행한 후 점수가 많은 팀이 최종 승리한다.

학생이 직접 그린 틀린 그림 찾기

이야기를 찾아라

그림카드를 보며 VTS 질문 단계를 익히는 놀이이다. 단계별로 질문하고 대답하면서 놀이가 진행된다.

〈놀이 방법〉

① A팀, B팀으로 나눈다.

② 두 팀이 나란히 서고 선 순서대로 번호를 정한다.

③ 각 팀의 1번만 서고 나머지 학생들은 자리에 앉는다.

④ 교사가 카드 한 장의 장면을 보여준다.

⑤ 각 팀의 1번 학생 중 먼저 손을 든 학생이 그림에서 무슨 일이 일어나고 있는지를 말한다.

⑥ 만약, A팀의 1번이 먼저 손을 들고 무슨 일이 일어났는지를 이야기했다면 A팀의 나머지 친구들이 A팀 1번 학생에게 '무엇을 보고 그렇게 생각했나요?'라고 묻는다.

⑦ A팀의 1번은 무엇을 보고 그렇게 생각했는지 대답하고 자리에 앉는다. 먼저 대답하지 못한 B팀의 1번 학생은 계속 서 있는다.(상대방보다 먼저 손을 들고 대답을 해야 앉을 기회를 얻고, 친구들의 질문에까지 모두 대답을 해야만 앉을 수 있다)

⑧ A팀 2번이 일어나고 B팀의 1번이 그대로 서서 교사가 보여주는 다음 카드의 장면을 본다.

⑨ A팀 2번이 먼저 손을 들었다면 2번 학생이 카드의 그림에서 무슨 일이 일어나고 있는지를 말한다.(B팀의 1번 학생이 A팀 2번 학생보다 먼저 손을 들고 말하면 B팀 1번 학생에게 앉을 기회가 주어진다)

⑩ A팀의 나머지 친구들이 '무엇을 보고 그렇게 생각했나요?'라고 묻는다.

⑪ A팀 2번이 대답을 하면 A팀 2번은 자리에 앉고 A팀 3번이 일어서서 B팀의 1번 학생과 다음 카드를 보고 게임을 한다. 이때 B팀의 1번 학생이 3번 정도 대답을 못 하고 계속 서 있으면 그냥 앉게 하고 B팀의 2번 학생으로 게임 할 순서가 넘어가도록 하는 규칙을 정하는 것도 좋다.

⑫ 어느 한 팀의 모든 인원이 말하고 앉으면 게임이 끝난다.

『안녕? 나의 핑크 블루』를 읽으며 VTS 질문법을 활용한 수업

학생들에게 이 그림책이 사진과 글로 이루어진 사진 그림책이라는 점과 작가가 이 그림책의 사진 주인공들과의 지속적인 관계를 유지하며 찍은 사진을 그림책으로 만들게 되었다는 설명을 해주었다.

한 살 된 여자아기와 남자아기 방에 물건들이 놓여있는 사진을 보고 만들 수 있는 질문

1. 이 사진에서 무슨 일이 일어나고 있을까?
2. 무엇을 보고 그렇게 말했나?
3. 또 무엇을 더 찾을 수 있는가?

가장 기본적인 VTS 질문법 단계로 학생들에게 사진을 잘 관찰하여 이야기를 찾아낼 수 있도록 한다.

학생들에게 사진을 보여주고 그림에서 '무슨 일이 일어나고 있는지'를 질문했는데 '무엇이 보이는지'에 대하여 대답하는 학생이 많았다. 보이는 것만 대답하면 단답식의 대답을 하게 되고 사고가 확장되지 않는다. 그림에서 무슨 일이 일어났는지를 생각하고 대답해야 하는 VTS 질문에서는 한참 동안 그림을 보고 생각에 생각을 더하며 대답을 하고 이야기를 만들어가게 된다.

여섯 살 소녀의 방과 그 소녀가 열 살이 되었을 때의 방의 사진을 보고 만들 수 있는 질문

1. 이 사진에서 무슨 일이 일어나고 있을까?
2. 무엇을 보고 그렇게 말했나?
3. 또 무엇을 더 찾을 수 있을까?
4. 그림들이 어떻게 변하고 있을까?
5. 이런 변화에 대해서 어떻게 생각하는가?

학생들은 사진을 보면서 자신의 상황과 경험을 바탕으로 이야기를 생각하며 질문에 답을 하고 구체적으로 사고를 확장시켜 간다. 경험과 배경지식을 연결하여 이야기하면서 어휘력을 향상시킬 수 있다.

한 소녀의 성장에 따라 달라지는 방의 사진을 보고 만들 수 있는 질문

1. 이 사진에서 무슨 일이 일어나고 있을까? - 색 변화, 물건 변화, 분위기 변화 등
2. 무엇을 보고 그렇게 말했나?
3. 또 무엇을 더 찾을 수 있을까?
4. 성장 과정에서 느껴지는 것은 무엇인가?
5. 왜 이런 변화가 나타났을까?
6. 이후에 어떤 일이 일어날까?

한 아이의 성장에 따라 색과 함께 물건의 종류, 물건의 수도 적어진다. 학생들이 이 장면을 보고 어떻게 생각하며 그림을 보게 되는지 VTS 질문을 적용하며 이야기를 나누었다.

교사　사진을 자세히 살펴봅니다. 이 사진에서 무슨 일이 일어나고 있나요?

학생1　핑크를 좋아하는 소녀 주변의 물건들 색이 거의 다 핑크색인데 자라면서 달라졌어요. 커갈수록 필요한 물건들도 줄어들어서 다 버린 것 같아요.

교사　핑크색 물건들 사이에서 웃고 있는 소녀를 보니 이 소녀가 핑크를 좋아했나 보군요.(가리키기) 자라면서 달라졌다는 것은 무엇을 보고 그렇게 생각한 거죠?

학생2　첫 번째 사진은 방에 핑크 물건이 대부분인데, 두 번째 사진은 블루 계열의 물건들, 마지막 사진은 나무색이나 검정색 물건들로 바뀌었어요. 성장할수록 주변의 상황이 달라지고 관심이 생기는 것도 달라지니까요. 저도 어렸을 때는 핑크를 좋아했는데

	지금은 초록색이 좋아요. 식물에 관심이 생기면서 초록색을 좋아하게 되었거든요.
교사	좋아하는 색은 자신의 관심있는 분야에 따라 달라질 수 있군요. 관심이 있으면 더 알아보고 그 분야의 물건을 수집하지요.(바꾸어 말하기) 사진을 보니 수집하는 물건의 색이 완전히 바뀌었네요. 또 무엇을 더 찾을 수 있는지 살펴보세요. 이 소녀의 성장 과정에서 느껴지는 것은 무엇인가요?
학생 3	자신이 좋아하는 것에 대한 표현이 생겼어요. 좋아하는 물건으로 방을 가득 채우고 자기 스타일에 맞게 방을 꾸몄어요. 제 방에도 제가 좋아하는 물건이 많아요. 제가 좋아하는 물건을 고를 때에는 좋아하는 색으로 사게 되니까 좋아하는 색의 물건이 방에 많은 거죠.
교사	소녀의 성장에 따라 색의 변화가 뚜렷하네요.(연결하기) 왜 이런 변화가 나타났을까요?
학생 4	개인의 취향인 것 같아요. 어릴 때는 부모님이나 주변의 어른들이 선물해주시는 물건이 대부분이라면, 학년이 올라가면서 친구들이나 인기 있는 매체의 영향을 받아 물건을 고르고 사게 되니까요. 그런데 왜 어른들은 여자아이는 핑크색 물건을, 남자아이에게는 블루색 물건을 사다 주시는 걸까요?

질문과 대답에서 교사는 학생의 대답에 집중하고 있다는 반응으로 학생이 언급한 그림을 짚으며 다시 한번 확인한다. 또한 학생이 대답한 의미를 더 명확한 표현으로 바꾸어 줌으로써 어휘를 확장시킬 수 있도록 돕는다. 새로운 사실을 추가해 다른 의미를 만들도록 하는 것도 VTS 질문법의 중

요한 과정이라 할 수 있다.

'왜 어른들은 여자아이는 핑크색 물건을, 남자아이에게는 블루색 물건을 사다 주시는 걸까요?' 라는 한 학생의 질문에 '여자아이의 색, 남자아이의 색이 있을까?'라는 주제로 토론을 했다. 학생들은 언제부터 여자아이의 색과 남자아이의 색을 구분했을까? 왜 아기용품을 파는 진열대에는 핑크 계열의 물건과 블루 계열의 물건이 대부분일까? 아기는 취향은 존중되고 있는 것일까? 여성의 색, 남성의 색이라는 것이 있을까?의 질문을 만들고 그 질문에 대한 근거 자료를 찾아 각자의 의견을 제시하며 토론을 했다.

빨간색 물건이 많은 남자아이의 방과 보라색 물건이 많은 여자아이의 방 사진을 보고 만들 수 있는 질문

1. 이 사진에서 무슨 일이 일어나고 있을까?
2. 무엇을 보고 그렇게 말했나?
3. 남자아이 주변의 물건 색이 왜 빨간색일까?
4. 여자아이 주변의 물건은 왜 보라색이 많을까?
5. 빨강의 물건들과 보라색의 물건들이 의미하는 것은 무엇일까?

남자아이 주변의 빨간색 물건들과 여자아이 주변의 보라색 물건들을 보고 캐리터를 찾아내는 학생들이 많았다. 핑크나 블루가 아닌 빨간색, 보라색의 물건들로 가득 찬 방은 남성의 색, 여성의 색이라는 것은 없고, 어느 누구도 우리에게 색을 정해줄 수 없다는 것을 보여준다. VTS 질문에 따라 그림을 보면서 학생들이 만들어낸 이야기는 각자의 개성을 존중해주고 각자 좋아하는 색이 다름을 인정하여야 한다는 것이었다.

땅따먹기

그림책의 마지막 장면을 학생 2명이 VTS 질문과 대답을 번갈아가며 하면서 땅따먹기 놀이를 한다.

〈놀이 방법〉

준비물 : 도화지, 바둑돌 2개(검정, 하양)

① 도화지의 대각선 양 끝에 자기 영역을 원 그리듯 그리고 원 안에 자신의 바둑돌을 놓는다.
② 가위바위보를 하여 진 학생이 먼저 질문(A)을 하고 이긴 학생이 대답(B)을 하는 것으로 순서를 정한다.
③ 그림책의 사진 두 장 중에서 각자 그림을 하나씩 선택한다.
④ A 학생이 "이 사진에서 무슨 일이 일어났나요?"라고 묻고 B 학생이 그림을 보며 대답을 하고, A 학생이 "무엇을 보고 그렇게 생각했나요?" 질문하면 B 학생

이 그림에서 본 것을 토대로 대답을 한다.

⑤ B 학생이 질문에 대답을 잘하면 바둑돌을 튕겨 바둑돌이 간 만큼 점을 찍고 선을 긋는다.

⑥ 이어서 B 학생이 질문을 하고 A 학생이 대답을 한 후 같은 방법으로 바둑돌을

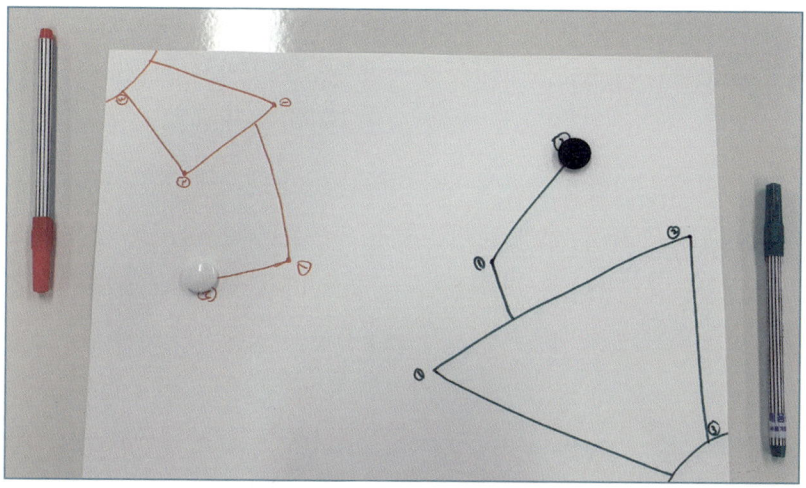

튕겨 바둑돌이 간 만큼 점을 찍고 선을 긋는다.
⑦ 번갈아 가면서 질문하고 대답하며 바둑돌을 튕기는데 3번 이내에 자기 영역 안으로 돌아오게 하여 돌이 지나오며 그은 선들의 영역을 자기 땅으로 만든다.
⑧ 상대방의 땅으로 들어간 바둑돌이라도 3번 이내에 자기 땅으로 돌아오면 상대방 땅의 일부를 빼앗아 올 수 있다.
⑨ 따먹을 땅이 없을 때까지 계속하거나 지정된 시간 안에 많은 땅을 차지하는 학생이 승리한다.

이 놀이가 끝나면 사진을 보면서 다양한 이야기를 찾으며 대화하는 학생들의 모습을 볼 수 있다. 보이는 것을 말하기보다는 보이는 것을 통해서 그 안에 담긴 사건을 생각해내는 활동이 다소 어렵다는 학생들도 있었지만 놀이를 통해 새로운 관점으로 그림을 보는 계기가 되었다는 학생도 있었다.

독후활동

어린 시절부터 경험하게 되는 여성을 나타내는 색과 남성을 나타내는 색에 관해 생각해보며 자신의 어릴 적 물건들의 색을 알아보았다. 각자 집에서 자신의 어린 시절 찍은 사진에서 자신이 입은 옷이나 주변의 물건들을 잘 살펴보고 어린 시절 찍은 사진 한 장을 학교에 가지고 왔다. 그림책의 사진처럼 자신의 어린 시절 물건을 자기 주변에 그려보고 색칠을 해본 후, 현재의 자기 방의 물건들을 생각하며 사진을 붙이고 그려보는 활동을 했다. 어린 시절 자기 주변의 색들과 현재 자기 주변 색들을 비교하면서 자신이 좋아하는 색을 찾아보는 활동까지 하였다.

어릴 적 자신의 물건과 현재 자신의 물건 색 비교

학생발표 : 어릴 적 사진을 보니 파란색 스케이트, 파란색 비행기, 파란색 책상, 파란색 이불처럼 블루 계통의 물건과 옷이 많았다. 지금 내방의 물건들은 검정색이 많다. 책상, 컴퓨터, 디지털 피아노, 선풍기 모두 검정이다. 검정색 옷도 자주 입는다. 어렸을 때는 엄마가 물건들을 골라주시고 옷도 골라주신 것을 입어서 파란색이 많았던 것 같지만 지금은 검정색이 가장 눈에 띄지 않고 친구들도 많이 입고 다니는 색이라 검정이 좋다. 하지만 검정만 좋아하는 것은 아니고 각자 가지고 있는 색이 어울리는 곳에 있으면 그 색도 참 좋다. 내 기분이나 상황에 따라 좋아하는 색이 달라지기도 한다. 그러니까 여자, 남자를 나타내는 색은 없다고 생각한다.

학생들은 각자의 어릴 적 사진을 보고 자신들도 어릴 적에는 핑크나 블루의 물건이 많았다는 것을 알게 되었다. 자신의 성장 사진을 현재와 비교하며 입고 있거나 가지고 놀았던 장난감의 색도 많이 달라졌다는 것을 느낀 시간이었다.

그림책을 읽고 '여성이나 남성을 나타내는 색'에 대한 자기 생각을 선 또는 그림으로 마음껏 표현해보게 한 후 생각이나 느낌 쓰기로 마무리했다.

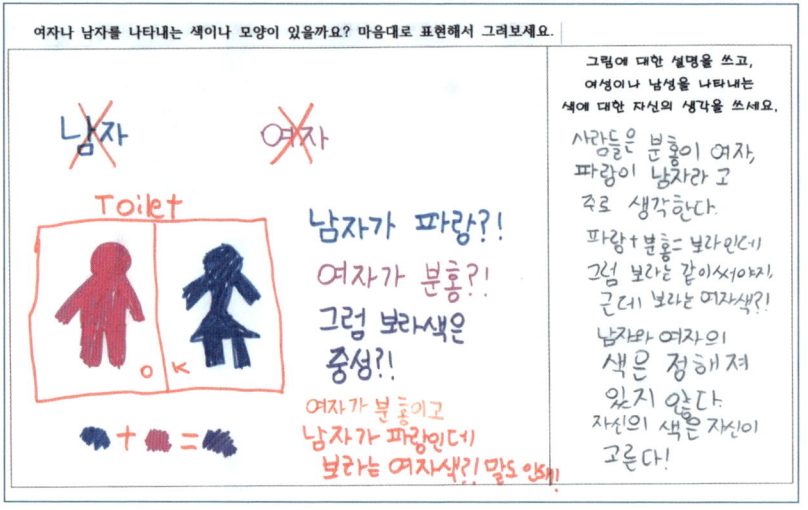

여자나 남자를 나타내는 색이나 모양에 대한 자유로운 그림 표현

7장

문제를 깊이 이해하며, 문제 해결을 위한
DVDM 질문법

DVDM 질문법*이란?

　DVDM은 『민주적 결정방법론』의 저자이자, KOOFA 컨설턴트 구기욱이 퍼실리테이션을 수행한 경험을 바탕으로 개발한 질문법이다. 퍼실리테이션은 생각이 다른 사람들이 의견을 공유하면서 문제를 깊이 있게 이해하며 바람직한 결론에 이르도록 돕는 방법을 말한다. DVDM은 보통 퍼실리테이터가 회의를 진행하는 과정에서 제시하는 4단계 질문으로 구성되어 있다. 4개의 질문으로 구성되어 간단해 보이지만, 문제를 해결하는 강력한 힘을 발휘한다.

- 1단계 질문 : Definition(정의 질문) – 주제 또는 이슈가 되고 있는 개념을 명확히 하기 위하여 묻는 질문이다. 예) '질문'이란 무엇인가요? 여러 사람이 모여 논의하는 경우, 주제 또는 문제가 되는 개념을 명확히 하는 것이 중요하다. 개념이 서로 다르면 논의의 진전이 어렵고 혼란이 발생한다.
- 2단계 질문 : Value(가치 질문) – 주제 또는 이슈가 되고 있는 개념이 어떤 의미와 가치를 지니는지를 확인하기 위하여 묻는 질문이다. 예) '질문'이 중요한 이유는 무엇인가요?
주제 또는 문제 해결을 위해 논의하는 과정에서 문제를 확인하고 바

---

* 구기욱, 매거진 퍼실리테이션이란 무엇인가, https://brunch.co.kr/@giewookkoo/1562020 인용 및 참고

로 해결책을 찾는 경우가 있다. 그러면 사전에 참가자들이 왜 이 문제를 해결해야 하는지 의미와 가치, 필요성 등을 다루지 않기 때문에 논의 과정에서 집중력이 떨어진다. 게다가 주제 또는 문제 이해의 폭을 넓히지 못해 제대로 된 해결 방법을 찾기 어렵다.

- 3단계 질문 : Difficulty(난관 질문): 주제 또는 이슈가 되고 있는 개념을 실현하는 데 겪는 어려움이 무엇인지를 알아보기 위한 질문이다. 예) '질문'을 (잘) 하기 어려운 이유는 무엇인가요?

모든 문제는 원인이 있다. 해결 방법을 찾으려면 문제의 원인을 파악하면 된다. 단순히 피상적인 원인을 찾는 데서 그치면 안 된다. 가장 근본적이고 근원적인 원인을 찾아야 자연스레 해결 방법을 도출할 수 있다. 그러려면 참가자들은 각자 입장과 상황에서 문제를 실현하는 데 겪는 어려움을 터놓고 이야기하는 게 중요하다.

- 4단계 질문 : Method(해법 질문): 주제 또는 이슈가 되고 있는 개념을 실현하고 개선하는 데 필요한 방법 또는 해법이 무엇인지를 알아보기 위한 질문이다. 예) 어떻게 하면 '질문'을 (잘) 할 수 있을까요?

정의 질문, 가치 질문, 난관 질문을 통해 나눈 이야기를 통합해서 해결 방법을 찾아야 한다. 다양한 해결 방법이 나오는 경우 비교 분석을 통해서 더 나은 방법을 모색해서 우선순위를 정한다. 그런 다음에는 앞으로 구체적인 실천 계획을 세워야 한다. 실천한 이후에는 문제 해결이 제대로 되었는지 확인하는 시간을 가지면 더욱 좋다.

그림책에 적용하는 DVDM 질문법

　DVDM 질문법은 문제 해결을 위한 회의에서 퍼실리테이터가 주로 활용하는 질문이기 때문에 그림책 수업에 적용하는 것이 어색할 수 있다. 정해진 순서대로 4단계 질문을 제시하기 때문에 다른 질문법처럼 그림책 내용 전반에 관한 다양한 질문을 다루지 못한다. 그래서 DVDM 질문법을 활용할 때는 핵심 가치나 주제가 명확한 그림책이 좋다.
　또한, 그림책의 갈등 또는 문제 상황으로도 DVDM 질문법을 활용할 수 있다. 학생들이 스스로 문제를 발견하고 토론하는 과정에서 문제 해결 능력을 키울 수 있다. 대부분의 그림책에는 발단-전개-위기-절정-결말의 흐름이 있는데, 위기 상황에서 그림책 읽기를 멈추고 절정과 결말을 공개하지 않은 채 DVDM 질문법을 활용하면 좋다. 학생들이 문제를 찾고 개념 정의 및 중요성, 문제 해결의 어려움을 찾은 후 문제 해결 방법을 찾아본다. 그런 후에 작가가 제시한 해결 방법을 비교해보면 학생들이 흥미를 느낀다.
　DVDM 질문법은 정해진 4단계 질문이 있어서 교사가 직접 질문을 제시하는 경우가 많다. 하지만 아무리 정해진 질문이라고 해도 학생들 스스로 질문을 만들게 해야 한다. 학생들이 질문을 주도할 때 수업에 더욱 집중하기 때문이다. DVDM 질문법으로 수업을 마치고, 추가로 학생들이 DVDM 질문법이 아닌 다른 방법으로 질문을 만들어서 토론하는 시간을 가지면 더욱 좋다.
　DVDM 질문법을 활용하는 수업에서는 교사의 역할이 더욱 중요하다. 교사는 퍼실리테이터 역할을 해야 하기 때문이다. 학생들의 생각을 경청하고, 서로 의견을 공유할 수 있게 도와줘야 한다. 무엇보다 학생들의 생각을 조율하면서 문제 해결 방법을 찾아갈 수 있도록 해야 한다. 학교 생활이나 일상생활에서 어려움을 겪는 문제가 있다면 그런 문제를 다룬 그림책으로 학생들과 함께 DVDM 질문법을 활용해서 이야기해보면 좋다.

『친구에게』를 소개합니다

『친구에게』는 우정을 다룬 그림책이다. 위로와 위안을 주고 거친 세상을 이겨낼 힘을 주는 존재인 친구에 관해 생각하게 한다. 제목 양옆으로 두 아이가 있다. 왼쪽의 여자아이는 색이 있지만, 오른쪽의 남자아이는 마치 그림자처럼 색이 없다. 남자아이는 목이 마르는데 물이 없어서 슬프다. 혼자서 어떻게 해야 할지 몰라 걱정스러운 상황에서 여자 아이가 '자신이 물을 나누어 줄게.'라며 도움을 준다. 그 이후에도 남자아이에게 외롭고 힘든 상황이 생기지만, 여자아이는 계속해서 지지와 힘을 주는 말과 행동을 보여준다.

"혼자서는 힘들어도 너와 함께라면 더 큰 꿈을 꿀 수 있어. 우리는 친구니까."

『친구에게』는 소중한 친구를 떠올리게 한다. 너무 친하다고 소홀했던, 진정한 친구라고 생각하지만 표현을 잘하지 못했던 친구가 생각난다. 또 내가 힘든 상황이 생길 때 여자아이처럼 나를 도와줄 친구가 있을까? 하는 궁금증이 생긴다.

DVDM 질문법을 활용해서 『친구에게』을 읽고 그림책 수업을 하면 학생들은 자신들의 친구 관계를 돌아보게 된다. 1단계 Definition(정의 질문)을 통해 친구란 무엇인지 개념을 정의하고 2단계 Value(가치 질문)을 통해

김윤정 글 · 그림 | 국민서관

왜 친구가 중요한지 알아본다. 그리고 3단계 Difficulty(난관 질문)으로 친구 관계를 유지하기 어려운 이유를 찾아보며 학생들이 친구 관계에서 겪는 어려움을 확인한다. 마지막으로 4단계 Method(해법 질문)을 통해 친구 관계를 잘 유지하는 방법을 찾아본다.

수업을 시작합니다

DVDM 질문 놀이

DVDM 질문과 답을 활용하여 실시하는 메모리 게임 변형 놀이이다. DVDM 질문 놀이는 4인 1모둠으로 진행한다. 모둠별로 키워드를 4개씩 제공한다. 1모둠에 제공한 단어는 협동, 책임, 도전, 자존감이다. 협동, 책임, 도전, 자존감 관련한 DVDM 질문을 모둠별로 협력해서 만든다.

예시 질문 – 키워드 : 도전

Definition(정의 질문) : 도전이란 무엇인가?

Value(가치 질문) : 도전이 중요한 이유는 무엇인가?

Difficulty(난관 질문) : 도전하기 어려운 이유는 무엇인가?

Method(해법 질문) : 어떻게 하면 도전을 잘 할 수 있을까?

이렇게 나머지 키워드인 협동, 책임, 자존감에 대한 질문도 만든다. 그리고 4가지 키워드에 관한 질문의 답을 완성해 포스트잇에 작성한다. 최종적으로 16개의 답이 적힌 포스트잇을 완성하고 뒤집어놓는다.

각각의 키워드에 관한 답

키워드	협동	책임	도전	자존감
Definition (정의 질문)	다른 사람의 의견을 존중하면서 서로 마음과 힘을 합치는 것	자신이 맡아서 해야 할 의무적인 일	용기를 내어 무언가를 시도하는 것	자신에 대한 존엄성을 성숙된 사고와 가치에 의해 얻어지는 개인의 의식
Value (가치 질문)	여러 사람과 어떤 일을 하기 위해서는 먼저 각기 다른 의견을 하나로 통합시키는 협동이 중요하다	나 자신과의 약속이자 이름을 걸고 하는 것이기 때문	발전하기 위해 꼭 필요한 것이기 때문	우리가 하는 모든 행동에 영향을 끼침
Difficulty (난관 질문)	각자 다른 가치관, 생각을 하나로 통합해야 하기 때문에 자신이 생각한 부분을 양보해야 하는 상황으로 인해 어렵다고 생각한다	내가 원하지 않은 일을 떠맡아서	용기를 내야 하기 때문	내가 아닌 잘난 남을 기준으로 나를 평가하기 때문

Method (해법 질문)	다른 사람의 생각을 존중해주고 이해해주면서 의견을 조율하는 것이 제일 좋은 방법이다	내가 그 일을 원해야 한다	실패를 두려워하지 않는다	남이 아닌 나에게 초점을 맞추어 나를 위한 시간을 보낸다.

전체 모둠이 DVDM 질문에 답을 완성하면 옆 모둠과 포스트잇을 바꾼다. 그런 다음 가위바위보로 순서를 정하고 처음 시작하는 학생이 포스트잇 2장을 뒤집는다. 2장의 답이 같은 키워드의 답이면 포스트잇을 가져갈 수 있다. 놀이의 흥미를 더하기 위해 뒤집은 2장의 포스트잇이 서로 다른 키워드의 답이어도 두 개의 답을 서로 연결 지어 모둠원들의 동의를 얻으면 포스트잇을 가져갈 수 있도록 변형할 수 있다.

놀이를 시작하고 첫 번째 학생이 뽑은 2장의 포스트잇을 뒤집는다.

'자신이 맡아서 해야 할 의무적인 일', '실패를 두려워하지 않는다'

'자신이 맡아서 해야 할 의무적인 일'은 책임에 관한 Definition(정의 질문)의 답이고 '실패를 두려워하지 않는다'는 도전에 관한 Method(해법 질문)의 답이다. 첫 번째 학생은 다른 키워드의 답을 뽑아서 바로 실패지만, 두 문장을 연결할 기회를 주었다. 하지만 연결하지 못해서 실패했다.

두 번째 학생은 '용기를 내어 무언가를 시도하는 것', '발전하기 위해 꼭 필요한 것이기 때문이다'를 뽑았는데 이 두 문장은 도전에 관한 DVDM 답이기 때문에 2장의 포스트잇을 가져갔다.

세 번째 학생은 첫 번째 학생의 '자신이 맡아서 해야 할 의무적인 일', '실패를 두려워하지 않는다' 포스트잇을 기억했다가 뽑았다. 이 두 문장을 연결할 자신이 있었기 때문이다. "책임을 져야 하는 일이 자신이 원해서

할 경우에는 열심히 할 텐데, 만약 강제로 맡겨진 경우에는 책임 완수에 관한 두려움이 생기기 때문에 실패를 두려워하지 않아야 합니다." 이 발표를 듣고 나머지 모둠원들이 인정했기 때문에 세 번째 학생은 2장의 포스트잇을 가져갔다.

이런 식으로 돌아가면서 포스트잇을 뒤집으면서 계속해서 진행해 마지막에 가장 많은 포스트잇을 가져간 학생이 이기며 놀이가 끝난다.

1단계 - Definition(정의 질문) : '친구란 무엇인가?'

『친구에게』는 발단-전개-위기-절정-결말의 이야기 구조가 뚜렷하게 드러나지 않는다. 하나의 사건이나 문제 상황을 중심으로 이야기가 전개되지 않고, 각 장면마다 여러 가지 이유로 힘든 상황을 맞이하는 남자아이가 등장하고 반대편의 여자아이가 위로를 전하는 이야기 구조가 반복해서 나온다. 그래서 그림책에서 이야기하는 핵심 가치 및 주제를 가지고 수업을 하기 좋다. 1단계 질문을 만들 때 학생들은 핵심 가치를 우정이라고 바로 찾아낸다. 그런데 2~4단계 질문을 우정을 키워드로 문제를 만드는 것보다 친구를 키워드로 하는 게 좋다는 의견이 많아서 친구를 키워드로 질문을 만들었다.

학생들은 Definition(정의 질문)인 '친구란 무엇인가?'에 쉽게 대답을 하지 못한다. 친구는 매우 익숙한 단어지만, 개념을 정의하는 것은 어렵기 때문이다. 개념을 정의할 때는 학생들의 경험을 통해 접근하는 것이 좋다. 그래서 『친구에게』를 읽고 그림책 장면 중에서 가장 친구다운 행동이라고 생각되는 인상 깊은 장면과 그 이유를 찾아보게 했다.

인상 깊은 장면	이유
비를 같이 맞아주는 장면	비를 맞으면 찝찝하고 더운데 그런 걸 감수하고 친구 곁에 있어 주었기 때문
남자아이가 배 타는 걸 두려워할 때 여자아이가 배를 같이 타 준 장면	새로운 길을 떠나는 것은 어려운 데 도와주었기 때문
남자아이가 혼자라고 느낄 때 여자아이가 넘어진 남자아이를 일으켜 준 장면	실제로 소외감을 느꼈었던 어린 시절에 넘어진 적이 있는데, 친구들이 달려와 걱정해주어서 안도감이 든 경험이 있기 때문
같이 눈사람을 만드는 장면	혼자 눈사람을 만들 수도 있었지만, 같이 눈사람을 만든 것이 마음에 들었다.

그리고 자신의 경험 중에서 '이 친구는 진짜 내 친구'라고 느낄 수 있었던 친구의 어떤 말이나 행동이 있었는지 물어봤다. 그림책 장면에서 벗어나 학생들의 삶의 이야기를 듣고 싶었다.

자신의 경험	이유
버스를 타야 하는데 버스비가 없을 때 친구가 흔쾌히 버스비를 빌려주었을 때	친구가 고민하지 않고 선뜻 돈을 빌려줄 때 친구가 나를 소중하게 생각한다고 느꼈다.
내가 말을 하지 않았는데 내 취향을 알고 있을 때	나에 관해 관심이 많은 것 같아서
평소 전화 통화를 길게 하면서 서로의 얘기를 경청하고 대화를 나눌 때	서로의 생각과 마음이 통하는 기분이 들어서
어떤 일이 있든 내 편이 되어줄 때	친구라면 무슨 일이 생기든지 내 편이 되어야 한다고 생각하기 때문

친구의 개념을 정의하기 위해 그림책 장면과 실제 경험에서 친구가 될 조건을 찾아봤다. 친구 개념을 정의하기 위해서 어떤 특징 및 요소가 필요한지 알아보는 데 효과적이다.

교사   여러분의 이야기를 듣고 보니 친구는 힘들거나 어려운 순간에 도움을 주고, 나를 잘 알고 있어야 하고, 대화를 통해 서로 마음을 나눠야 하고, 항상 내 편이 되어주어야 하네요. 맞나요?
학생들   네.
교사   혹시 이 외에 친구가 될 조건이 있을까요?
학생   내가 잘못된 길로 가려고 할 때 나를 붙잡아 주는 것도 필요해요. 내가 더 잘 되길 바라는 마음이 중요해요.
교사   그렇군요. 그럼 그 외에 생각나는 다른 조건 있나요?
학생들   아니요. 이 정도면 충분한 것 같아요.

학생들은 그림책 장면, 자신의 경험을 토대로 이야기하고 나서 친구의 조건을 찾아냈다. 이 조건들을 바탕으로 친구 개념을 정의 내려도 된다. 하지만 좀 더 친구 개념을 다양한 측면에서 고려하기 위해서 추가 질문을 제시하고 논의하면 좋다.

나이 많은 사람들과 친구가 될 수 있나요?
동물과 친구가 될 수 있나요?
동물은 여러분을 친구라고 생각할 수 있나요?
나무와도 친구가 될 수 있나요?

내가 생각하는 친구는 있으면 있을수록 좋은 존재이다. 겉으로만 친구인 척하는 사람은 많이 있어도 소용없다. 그래서 친구들이랑 같이 있는 것만 해도 행복해지고 재밌기 때문에 친구들과 같이했던 것들, 같이 하고 싶은 것들로 '친구' 글씨를 꾸며보았다.

이런 추가 질문으로 친구가 되기 위해서 어떤 조건이 필요한지 다양한 측면에서 검토하고 나면 친구 개념이 좀 더 명확해진다. 그 후 타이포그래피 형태로 글과 그림을 활용해서 정의하도록 하면 좋다.

2단계 - Value(가치 질문) : 친구가 중요한 이유는 무엇인가?

1. 이유 대기[*]

친구가 중요한 이유를 찾는 가치 질문 활동하기 전 이유 대기 놀이를 했다. 이유 대기는 앞 친구가 말한 이유를 자신의 주장으로 삼고 새로운 이유를 제시하는 놀이이다. 친구가 중요한 이유는 무엇인가? 가치 질문을 탐색하는 것과 직접적인 연관성은 없지만, 이유를 계속해서 제시하는 놀이를 통해 흥미를 유발함과 동시에 이유를 제시하는 게 왜 중요한지 생각해볼 수 있다. 이유 대기 놀이는 첫 학생이 주장과 이유를 말하는 것으로 시작한다. 보통 주장은 설득을 위해 사용하지만, 이유 대기 놀이에서는 주장 개념을 폭넓게 사용한다. '~이다.' 형태로 끝나는 문장이라면 주장으로 인정하고 놀이를 진행한다.

첫 번째 학생이 말한다.

"나는 오늘 점심을 먹지 않았다.(주장) 왜냐하면, 다이어트를 해야 하기 때문이다.(이유)"

두 번째 학생은 첫 번째 학생의 이유, '다이어트를 해야 하기 때문이다'를 주장으로 삼아서 이야기해야 한다. 그런 다음 새로운 이유를 제시한다.

"나는 다이어트를 해야 한다.(주장) 동생이 나를 뚱뚱하다고 놀리기 때문이다.(이유)"

세 번째 학생이 이어서 말한다.

"동생이 나를 뚱뚱하다고 놀린다.(주장) 왜냐하면, 내가 피자를 한 판 다 먹기 때문이다.(이유)"

네 번째 학생이 이어서 말한다.

"나는 피자 한 판을 다 먹었다.(주장) 왜냐하면, 배가 고팠기 때문이다.(

---

[*] 2018 제1회 한국 철학적 탐구공동체 연구회 워크샵 자료집 참고

이유)"

4명이 돌아가면서 다 발표하면 끝이 난다. 시간적 여유가 있으면 두 번째 학생이 먼저 발표하면서 새롭게 시작하면 된다. 난이도를 높이려면 학급 전체 학생이 함께하면 된다.

2. 5why – 친구가 중요한 이유 찾기

5why는 도요타 자동차 회사의 생산방식 혁신에서 발단된 도구이다. 도요타 자동차 공장에서는 생산 과정에서 불량품이 제작되거나 사고가 발생하면 생산을 중단하고 왜 그렇게 되었는지 다섯 번 질문한다고 한다. 이렇게 5why는 연속적으로 왜라는 5번의 질문을 던지며 문제를 해결해나가는 방법이다. 이를 통해 문제의 가장 근본적인 원인에 접근할 수 있게 해준다.

주제	친구가 중요한 이유는 무엇일까?	
why	질문	이유
(1) why	친구가 중요한 이유는 무엇일까?	친구가 없으면 외롭기 때문이다.
(2) why	왜 외롭지 않아야 할까?	외로움이 심해지면 우울해지기 때문이다.
(3) why	왜 우울해지면 안 될까?	우울해지면 몸과 마음이 아프기 때문이다.
(4) why	왜 몸과 마음이 아프지 말아야 할까?	몸과 마음이 아프면 더 나은 삶을 살기 어렵기 때문이다.
(5) why	왜 더 나은 삶을 살아야 할까?	행복해지기 위해서이다.
결론	친구가 중요한 이유는 더 나은 삶을 살면서 서로 행복해지기 위해서이다.	

모둠별로 학습지를 나누어주고 먼저, 주제 '친구가 중요한 이유는 무엇일까?'를 제시하고 이유를 찾게 한다. 그다음 첫 번째 이유를 두 번째 질문으로 해서 다시 새로운 이유를 찾는다. 이렇게 '왜'라는 질문을 다섯 번 하면서 이유를 찾는다. 여기서 주의할 점은 이유를 찾을 때 가장 근본적인 이유를 찾아야 한다. 가장 근본적인 이유를 찾지 않으면 대답이 돌고 도는 상황에서 빠져나오지 못해 난감해질 수 있다. 마지막 결론은 지금까지 이유에 대한 답을 포괄해서 작성해도 되고 가장 중요하다고 생각되는 이유를 적어도 된다.

3단계 - Difficulty(난관 질문) : 친구 관계를 유지하기 어려운 이유는 무엇인가?

3단계 질문은 '친구 관계를 유지하기 어려운 이유는 무엇인가?'이다. 학생들은 친구를 소중히 여기지만 친구 관계를 멀어지게 하는 행동을 하는 경우가 많다. 그래서 그림책 장면 중에서 자신이 주인공이라면 가장 하기

주인공처럼 행동하기 힘든 장면	이유
배를 같이 타주는 장면	친구와 함께라도 솔직히 배를 타고 새로운 길을 가는 게 두렵기 때문이다.
머뭇거리는 친구에게 용기를 주고 같이 도전하는 장면	나라면 선뜻 나서기 힘들어 외면할 것 같다.
같이 비 맞아주는 장면	같이 비를 맞고 있으면 옷이 젖고 감기에 걸릴 수도 있기 때문이다.
같이 비 맞아주는 장면	친구가 비를 맞고 있는 이유가 있을 것이다. 그 친구의 감정을 존중하고 싶기 때문이다.

힘든 행동이 무엇인지 확인하는 시간을 가졌다. 그림책에서는 친구가 할 수 있는 이상적인 행동을 제시했다.

　학생들은 친구 관계에서 어떤 행동이 바람직한지 알지만, 두렵기도 하고 힘들어서 때로는 자신이 피해를 받을 수 있어서 친구를 위한 행동을 하지 못한다. 그래서 이번에는 실제로 자신의 경험을 이야기하게 했다. 어떤 이유로 친구 관계를 유지하기 어려웠는지 확인하고 싶었다.

교사　　여러분 모두는 친구를 좋아하고 잘 지내면서도 친구에게 잘해 주지 못하는 순간이 많잖아요. 어떤 경험이 있나요?

학생　　친구와 약속이 있는데 제가 몸이 좋지 않아서 약속을 지키기 힘들었어요. 약속을 지켜야 하는데 몸이 아프니 내 몸이 우선이라는 생각에 약속을 지키지 못했어요.

교사　　그때 기분이 어땠어요?

학생　　속상했어요. 우선 약속을 지키지 못한 것도 속상했지만, 그보다도 몸이 아픈 상태라 평소처럼 말이 예쁘게 나오지 않았는데 친구는 제 상태를 이해하지 못하고 말을 쌀쌀맞게 하냐면서 뭐라고 했거든요. 이 친구가 나를 배려하는 마음이 없는 것 같아 속상했어요.

교사　　앞에서 친구의 조건 중에 내 마음을 알아주는 게 중요하다고 이야기 나누었는데 그 당시 친구가 자신의 마음을 몰라줘서 속상했다는 거죠?

학생　　네.

교사　　그래서 어떻게 되었어요?

학생　　전화를 기분 나쁘게 끊었고 그후로 친구와 사이가 멀어졌어요.

교사	친구와 사이가 멀어지고 어땠어요?
학생	처음에는 저도 화가 난 상태여서 친구를 미워하고 원망하는 마음이 컸는데, 시간이 지나니 그때 조금만 다르게 행동했으면 그 친구와 계속 사이좋게 지냈을 거라는 생각이 들었어요.
교사	만약 그때로 돌아간다면 어떻게 하고 싶어요?
학생	몸이 좋지 않은 상황을 좀 더 잘 설명하고 싶어요. 그래도 친구가 속상해하면 제 입장만 생각하지 말고 저와의 약속을 기다린 친구의 입장을 고려해서 약속을 지키지 못해 미안하다는 말을 먼저 하고 싶어요. 그러고 보니 그때 친구에게 미안하다고 말하지 못했어요.

추가 질문과 대화를 통해 학생은 친구 관계를 유지하기 어려운 이유를 확인하고 문제를 어떻게 해결하면 좋은지 즉, 어떻게 하면 좋은 친구가 될 수 있는지 해결 방법도 자연스럽게 제시했다.

4단계 - Method(해법 질문) : 어떻게 하면 친구 관계를 잘 유지할 수 있을까?

마지막 4단계는 문제 해결의 방법을 찾는 단계다. 지금까지 논의한 내용을 바탕으로 어떻게 하면 친구 관계를 잘 유지할 수 있는지 알아본다. 학생들은 3단계에서 '친구 관계를 유지하기 어려운 이유는 무엇인가?' 질문에 주인공처럼 행동하기 힘든 장면을 고르고 이유를 답했다. 그런데 주인공처럼 행동하기 힘든 장면과 이유를 찾는 데서 끝나면 안 된다. 주인공처럼 행동하면 좋은 친구 관계가 될 수 있지만, 학생들은 여러 이유로 주인

『친구에게』에서는 남자아이가 길을 가기 두려워하면 여자아이가 함께 가주었지만, 친구가 길을 가기 두려워할 때 꼭 가야 하는 길이 아니라면 그것쯤 가지 않아도 된다고 말해주면 된다.

비를 같이 맞아주는 건 감정적으로 도와주는 것일 뿐이다. 반면, 자신이 쓴 우산을 씌워준다는 건 비를 맞지 않게 해줄 수 있고 실질적인 도움을 줄 수 있다.

공처럼 행동하기 힘들다. 그래서 만약 주인공과 같은 상황에 처한다면 어떻게 행동할지 자신만의 해결 방법을 찾아보게 하는 게 중요하다. 단순히 글로 표현하게 하지 않고 글과 그림으로 그림책 장면처럼 만들어보면서 친구 관계를 잘 유지하는 방법을 고민한다.

8장

인물의 삶을 파악하기 쉽게 해주는
SWOT 질문법

SWOT 질문법*이란?

SWOT는 기업에서 기업의 강점과 약점, 환경적인 기회와 위기를 열거하여 효과적인 경영 전략 수립을 위한 분석 방법으로 강점(Strength), 약점(Weakness), 기회(Opportunities), 위기(Threats)의 앞 글자를 따서 'SWOT'라 한다. SWOT의 경험적 근거는 1952년 록히드 기업 개발 기획부 내에서 시작되었으며,** 1960년대에 스탠퍼드 연구소의 앨버트 험프리라는 경영 컨설턴트에 의해 발명되었다.*** 그 뒤 여러 사람에 의해 변형, 발전하여 지금의 형태가 되었다. 내부 환경 분석을 통해 강점과 약점을 찾아내고, 외부 환경 분석을 통해 기회와 위기를 찾아낼 수 있다. SWOT 질문법의 장점은 단순해서 사용하기 쉽고, 다른 사람들과 함께 살펴보며 한눈에 상황을 파악하기에 편리하다. 또한, 내부 및 외부 환경의 변화를 동시에 간편히 확인할 수 있다.

SWOT 질문법의 단계별 과정은 다음과 같다.

- 1단계. 분석할 주제 선정하기 : 분석할 주제를 선정하여 분석의 목적을 구체적으로 정하고 목적에 벗어나지 않도록 주의를 기울인다.
- 2단계. 강점, 약점, 기회, 위기 요소 찾아 정리하기 : 분석 대상의 강

---

* 조일형, 『SWOT 분석』, 모디북스, 2019, 참고
** https://journals.aom.org/doi/10.5465/AMBPP.2020.132
*** https://www.lucidchart.com/pages/what-is-swot-analysis

점과 약점, 기회와 위기 요소를 찾아 간결하게 표현한다. 대상의 강점과 약점을 작성할 때는 근거를 명확하게 찾는다. 기회는 주로 대상을 둘러싼 환경을 조사해 파악한다. 위기는 위험의 수준과 발생할 가능성을 통해 파악한다. 가능성이 현저히 낮거나 피해가 거의 없는 경우에는 제외하는 것이 좋다.

- 3단계. SWOT 매트릭스 작성하기 : 강점, 약점, 기회, 위기 요소를 모두 찾아 정리할 때는 SWOT 매트릭스를 작성하면 좋다. 가로축은 긍정적 요소와 부정적 요소로 구분하고 세로축은 내부 요소와 외부 요소로 구분한다. 왼쪽 위 칸은 강점, 오른쪽 위 칸은 약점, 왼쪽 아래 칸은 기회, 오른쪽 아래 칸은 위기로 작성한다.

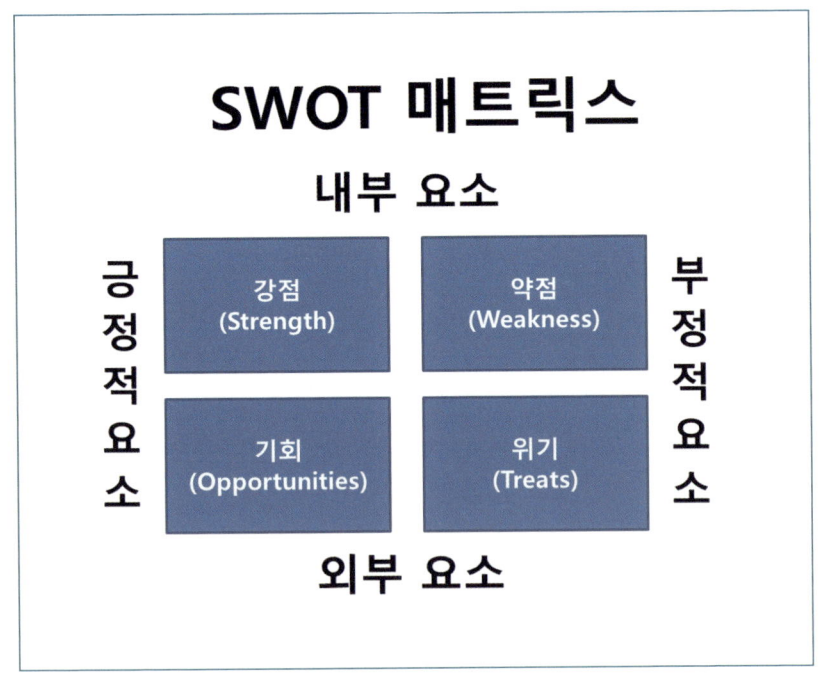

- 4단계. SWOT 질문 만들기 : 강점, 약점, 기회, 위기 요소를 파악하면 이를 활용하여 각각의 요소 질문을 작성한다. 각각의 요소를 잘 녹여내는 것이 중요하다.
- 5단계. SWOT 전략 질문 만들기 : 대상의 외부 환경과 내부 역량을 분석하고 조합하여 4가지 전략을 파악한다. 전략을 도출하면 전략에 해당하는 내용을 보고 삶에 적용할 질문을 만든다. 질문을 만들 때는 구체적으로 만드는 것이 좋다.

그림책에 적용하는 SWOT 질문법

그림책을 활용한 수업에서 SWOT 질문법을 사용할 경우, 인물이 처한 상황과 인물에게 영향을 주는 내적 요인과 외적 요인을 분석하여 그림책에 대한 이해도를 높일 수 있다. 또 그림책의 등장인물이나 사건에 조금 더 몰입할 수 있는 장점이 있고, 학생들이 자신의 삶에 대해 생각할 수 있는 질문들을 만들어 삶을 바라보는 관점을 세울 수 있다. SWOT 질문 전략은 인물 외에도 그림책의 주제 분석, 이미지 텍스트 분석과 같이 다양한 상황에서 활용할 수 있다.

인물에 초점을 맞춘 SWOT 질문 전략은 학생들이 인물이 처한 내부적 상황(강점과 약점)과 외부적 상황(기회와 위기)을 분석하여 작성해볼 수 있다. 분석을 통해 인물이 처한 상황을 구체적으로 파악할 수 있다. 그리고 요인별 분석을 통해 자신의 삶과 연결되는 지점을 찾고, 삶에서 필요한 점을 발견해낼 수 있다. SWOT 질문을 분석하기 위한 4가지 전략을 활용하여 심층적으로 상황을 분석하고 적용할 수 있다.

1. 강점(Strength) 질문 : 인물에게 강점으로 인식되는 것이 무엇인지를 찾아내는 질문이다. 강점은 인물의 내부 역량 중에서 인물에게 도움이 되는 요소를 말한다. 인물이 가진 유·무형 자산은 모두 강점이 될 수 있다. 예) 인물이 잘할 수 있는 일은 무엇입니까? 다른 인물들과 비교해서 유리한 점은 무엇입니까?

2. 약점(Weakness) 질문 : 인물에게 약점으로 인식되는 것이 무엇인지를 찾아내는 질문이다. 약점은 인물 내부의 원인에 의해 인물에게 불리한 요소를 말한다. 내부 요인에는 인물이 가지고 있는 신체적 특징, 인물의 성격 등이 있다. 예) 인물의 가진 모습 중에서 무엇이 개선되거나 바뀌어야 합니까? 인물에게 필요하지만 가지지 못한 부분은 무엇입니까?

3. 기회(Opportunities) 질문 : 외부 환경에서 유리한 기회 요인은 무엇인지를 찾아내는 질문이다. 인물의 외부 요인에서 인물에게 유리한 상황을 기회라고 한다. 예) 인물에게 긍정적인 영향을 준다고 생각되는 것이 있습니까? 주변 환경에서 인물에게 도움이 되는 부분은 무엇입니까? 인물에 대해 주변 인식과 평가는 긍정적입니까?

4. 위기(Threats) 질문 : 외부 환경에서 불리한 위기 요인은 무엇인지를 찾아내는 질문이다. 인물의 외부 요인에 의해 인물에게 불리한 상황을 위기라고 한다. 예) 인물에게 위기를 줄 것이라 예상되는 부분은 무엇입니까? 인물과 충돌하는 인물이 있다면 어떤 인물입니까? 인물에게 불리하게 작용하는 것은 무엇입니까?

5. 강점-기회(S-O) 전략 질문 : 인물의 강점을 가지고 기회를 살리는 전략으로, 인물이 상당한 수준의 강점을 지니고 있고 외부의 기회 역시 다양하게 존재하는 경우에 활용하는 질문이다.

6. 강점-위기(S-T) 전략 질문 : 인물의 강점을 가지고 위기를 회피하거나 최소화하는 전략으로, 인물 내부에 상당한 강점을 보유하고 있으나 외부 환경에는 많은 위기 요소가 존재하는 경우에 활용하는 질문이다.
7. 약점-기회(W-O) 전략 질문 : 약점을 극복함으로써 기회를 활용하는 전략으로, 인물 내부에 여러 약점이 있으나 외부 환경에는 많은 기회 요소가 존재하는 경우에 활용하는 질문이다.
8. 약점-위기(W-T) 전략 질문 : 약점을 보완하면서 동시에 위기를 회피하거나 최소화하는 전략으로, 인물 내부에 많은 약점이 있고 외부에도 여러 위기 요소가 존재하는 경우에 활용하는 질문이다.

SWOT 질문법은 4가지 요소를 분석하는 질문을 만들어 인물에 대한 충분한 이해를 도울 수 있다는 장점이 있다. 그리고 다른 질문법과는 달리 각 요소를 활용해서 각각의 특징점을 파악하는 데 유리할 뿐만 아니라 각 요소를 활용한 전략 질문을 통해 더 깊이 있는 질문을 만드는 데도 도움이 된다.

SWOT 질문법을 활용할 시 유의점으로 강점과 약점 요소를 찾을 때는 내부적 요인에 초점을 맞추어 찾고, 기회와 위기 요소를 찾을 때는 외부적 요인에 초점을 맞추어 찾도록 지도한다. 그리고 SWOT 요소를 파악한 후에는 결과를 해석하고 전략을 도출하기 위해 다양한 전략을 수립할 기회를 제공한다.

『꾸고』를 소개합니다

　육지에 사는 고래 '꾸고'는 친구들과 다른 모습으로 친구들에게 놀림을 받는다. 그럼에도 꾸고는 육지에서 살기 위해 노력한다. 얼굴이 커서 씻는데 오래 걸리기 때문에 아침 일찍 일어나 세수를 하기도 하고, 학교에 가는 버스를 타기 위해 열심히 뛰어 보기도 한다. 그러나 꾸고의 노력에도 다른 동물 친구에게 여러 피해를 주는 상황이 발생하고, 그로 인해 친구들의 놀림을 받는다. 그런 일을 겪으며 꾸고는 슬픈 마음으로 눈물을 흘리기도 한다. 물놀이에 초대를 받은 꾸고는 물에 대한 두려움과 자신을 싫어할 것 같은 생각에 선뜻 물에 들어가지 못한다. 그러나 자신을 위로해준 코끼리가 물에 빠져 허우적대는 모습을 보고 곧장 물속으로 뛰어든다. 그 순간 꾸고는 자신의 새로운 모습을 발견한다. 꾸고는 바다에 대한 호기심을 갖기 시작한다. 두렵기도 하지만, 자신의 가슴을 뛰게 하는 바다를 생각하며 꾸고는 바다를 향해 나아가기를 결심한다. 친구들이 반대했지만, 꾸고를

이범재 글·그림 | 계수나무

말릴 수는 없었다. 친구들은 꾸고가 바다에 갈 수 있도록 도와준다. 친구들의 도움과 꾸고의 열정으로 바다에 가기 위한 준비를 마치고 용기를 내어 바다에 들어간다. 처음으로 간 바다에서 적응하기가 쉽지는 않았지만, 결국 꾸고는 바다에 적응하고 행복하게 살게 된다.

『꾸고』는 우리가 가진 다양한 모습에 대해 다시 생각해보게 하는 그림책이다. 자신을 사랑하고, 하고 싶은 일을 하며 행복한 삶을 살아가려면 어떤 노력을 해야 하는지, 무엇을 되돌아보아야 하는지 살펴볼 수 있다. '꾸고'는 육지에 살고 있다. 육지에 사는 고래의 모습을 보면서 고래가 가진 신체적 특징으로 인해 육지에서는 어떤 어려움을 겪게 되는지를 알게 되고, 고래 꾸고를 보며 현재 나의 모습을 되돌아보고 많은 생각을 하게 된다. 그리고 그 과정을 통해 도전 정신에 대한 의미와 자신의 삶을 위해 노력하는 태도의 중요성을 살펴볼 수 있다. 누구나 자신에게서 부정적인 모습을 발견하고 좌절하는 경우가 있을 것이다. 학생들은 지금 그러한 과정을 겪고 있을지도 모른다. SWOT 질문법을 통해 학생들은 친구들과 함께 자신의 모습을 객관적으로 인식하고 자신이 바라는 삶을 살기 위해 노력하고 준비해야 하는 것을 생각해볼 수 있을 것이다.

수업을 시작합니다

SWOT 질문 만들기 놀이

주어진 SWOT 요소를 활용하여 질문을 만드는 놀이로 인물이 가진 강점과 약점, 인물이 처한 외부적 환경에서 오는 기회와 위기 요소를 파악하여 질문 전략에 적용하는 놀이다.

놀이 방법은 짝 활동으로 진행되며, 주어진 장면을 보고 SWOT(강점, 약점, 기회, 위기) 요소를 작성한다. 다음으로 적은 내용을 활용해서 짝과 함께 질문을 만든다. 4가지 요소를 완성하면 10점을 획득한다. SWOT 요소에 해당하는 내용이 있는 경우, 하나당 추가로 1점을 얻는다.

교사　SWOT 질문 만들기 놀이를 해보겠습니다. 주어진 상황과 장면을 보고 분석하여 강점, 약점, 기회, 위기를 찾아 적고 짝과 함께 질문으로 바꾸면 됩니다. 강점, 약점, 기회, 위기 순으로 적으면 됩니다. 4가지 요소를 모두 완성하면 점수를 획득합니다. 각 요소에 해당되는 내용이 있으면 추가 점수를 얻습니다.

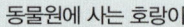

동물원에 사는 호랑이

〈강점〉
달리기가 빠르다.
날카로운 이빨을 가지고 있다.
시력이 좋다.

교사　호랑이의 다양한 강점을 함께 찾아보았습니다. 찾은 강점으로

	실문을 만들어볼까요? '호랑이는 달리기가 빨라서 어떤 점이 좋을까?'처럼 강점 때문에 좋은 점이 무엇인지 짝과 함께 질문으로 만들어봅시다. 그리고 짝과 만든 질문을 발표해봅시다.
학생 1	달리기가 빠르면 무엇을 잘할 수 있을까요?
학생 2	달리기가 빨라서 호랑이에게 도움이 되는 점은 무엇일까요?
학생 3	호랑이가 빠르게 달리기 위해서 어떤 것이 발달했을까요?
교사	다른 강점으로도 만들어볼까요? '호랑이가 날카로운 이빨이 있어서 어떤 점이 좋을까?'처럼 날카로운 이빨이라는 강점을 가져서 좋은 점이 무엇이 있는지 짝과 함께 질문으로 만들어 발표해봅시다.
학생 1	날카로운 이빨이 있으면 먹이를 더 잡기 쉬울까요?
학생 2	이빨이 날카로우면 고기를 잘 먹을 수 있을까요?
학생 3	호랑이에게 날카로운 이빨은 어떤 의미일까요?

이와 같이 강점, 약점, 기회, 위기 요소에 대한 내용을 각각 찾고, 각 요소에 대한 질문을 만든다.

- 학생들의 약점 질문, 기회 질문, 위기 질문 예시

호랑이가 가진 약점: (1) 덩치가 크다. (2) 몸이 무겁다.

약점 질문:

(1-1) 덩치가 크면 다른 동물에게 쉽게 발견되지 않을까?

(1-2) 호랑이는 덩치가 큰데, 덩치가 크면 어떤 점이 불편할까?

(2-1) 무거운 몸을 유지하는 것은 호랑이에게 어려울 일일까?

(2-2) 호랑이가 무거운 몸을 가지면서 생기는 안 좋은 점은 무엇일까?

호랑이가 가진 기회: (1) 동물원에 살면 먹이를 구하러 다니지 않아도 된다. (2) 동물원에서는 큰 어려움 없이 편하게 살 수 있다.

기회 질문:

(1-1) 먹이를 구하지 않아도 되었을 때 좋은 점은 무엇일까?

(1-2) 먹이를 구하러 다니지 않아도 되면 호랑이가 편할까?

(2-1) 동물원에 살면 호랑이에게 어떤 좋은 점이 있을까?

(2-2) 어려움이 없다면 호랑이에게 어떤 것을 더 할 수 있을까?

호랑이가 가진 위기: (1) 동물원에 살면 뛰어다니지 못한다. (2) 자유가 없다.

위기 질문:

(1-1) 뛰어다니지 않으면 어떤 점이 좋지 않을까?

(1-2) 뛰어다니지 않는 호랑이는 어떤 모습이 될까?

(2-1) 자유가 없는 호랑이는 어떤 어려움이 있을까?

(2-2) 자유를 잃으면 생기는 문제는 무엇일까?

들판에 사는 코끼리나 북극에 사는 북극곰처럼 다른 곳에 사는 다른 동물로 SWOT 질문 만들기 놀이를 진행한다. 친숙한 소재라서 학생들이 쉽게 강점, 약점, 기회, 위기를 찾고 찾은 내용을 질문으로 만든다. 처음 질문을 만들 때는 어려워하는 학생들도 있어서 찾은 내용을 그대로 질문으로 바꿀 수 있도록 지도를 하고, 조금 익숙한 학생들에게는 SWOT의 각 요소가 포함되는 질문을 만들게 지도한다. 다음은 학생들이 만든 질문 예시이다.

들판에 사는 코끼리			

강점	약점	기회	위기
코가 길어요	뿔이 있어요	사람들이 없는 곳에 살아요	넓은 들에 살아요
강점 질문	약점 질문	기회 질문	위기 질문
들판에 사는 코끼리 코끼리는 코가 길어서 어떤 점이 편리할까?	코끼리에게 뿔이 있어서 불편한 점은 무엇일까?	사람들이 없는 곳에 살면 어떤 점이 좋을까?	넓은 들에서 살면 적들에게 잘 보이지는 않을까?

꾸고의 강점과 약점, 기회와 위기 분석

그림책을 함께 읽고 꾸고에 대해 이야기를 나눈다. 꾸고가 가진 강점과 약점 그리고 기회와 위기를 찾을 수 있는 장면을 찾아서 각각의 요소를 적어본다. 그리고 분석한 내용을 바탕으로 질문을 만들고 대답해보는 시간을 가져본다. 표지와 그림책의 이야기, 그림들을 통해서 『꾸고』에서 전하고자 하는 의미를 읽어내는 작업을 선행한다. 학생들은 그림과 제목만으로도 꿈을 꾸는 고래의 이야기라는 것을 유추해내고, 연결하여 SWOT 질문까지 만들 수 있다.

교사	표지에는 정말 멋지고 큰 고래 한 마리와 바다 그리고 물고기들이 있네요? 표지를 보면서 '꾸고'라는 제목이 어떤 의미인지 생각해볼까요?
학생 1	꿈을 꿀 것 같아요.
학생 2	고래 이야기라서 꾸고라는 이름을 가진 고래의 이야기일 것 같아요.
학생 3	꿈을 꾸는 고래의 이야기라서 그렇게 짓지 않았을까요?
교사	여러분이 생각한 것이 맞는지 그림책을 함께 읽어봅시다.

전체적인 책에 대한 이야기를 나눈 후에 SWOT 질문법을 활용하기 위해 꾸고가 가진 강점을 그림책 장면에서 찾아 분석해본다.

교사	꾸고는 다양한 강점을 가지고 있었지요. 꾸고가 가진 강점은 어떤 것들이 있을까요?
학생 1	저는 키가 작아서 불편한데, 꾸고는 키가 커서 좋을 것 같아요.
학생 2	꾸고는 물속에서 헤엄을 잘 쳐요. 숨도 오래 참을 수 있고요.
교사	여러분이 꾸고의 강점을 잘 찾아주었네요. 꾸고의 강점이 잘 드러난 장면이 어디인지도 찾아보면 좋을 것 같아요. 어떤 장면에서 꾸고의 강점을 발견했는지 이야기해봅시다. 꾸고의 키가 크다는 것은 어떤 장면을 보고 발견했을까요?
학생 1	꾸고가 세수하는 장면이요. 꾸고가 엄청나게 커서 세수하는 데 오래 걸려요. 키가 엄청 큰 것 같아요.
학생 2	꾸고가 키가 커서 문을 통과하지 못하는 장면도 있었어요.
학생 3	꾸고는 버스에 탈 때도 버스에 가득 찰 정도로 키도 몸도 컸어요.

교사	꾸고가 키가 크다는 점을 다양한 장면에서 발견할 수 있었네요. 그러면 꾸고가 물속에서 엄청 빠르게 헤엄치는 강점은 어떤 장면에서 찾을 수 있었나요?
학생 1	꾸고와 친구들이 물놀이를 간 장면과 꾸고 친구 코끼리를 구하러 가는 장면에서 빠르게 헤엄쳤어요.
학생 2	그리고 마지막에 바다로 가 멋지게 헤엄치는 장면이 있었어요.
교사	다양한 장면에서 꾸고의 강점을 찾을 수 있었네요. 꾸고의 또 다른 강점은 어떤 것이 있나요?
학생 3	용기가 있어요!
교사	꾸고가 용기 있다는 것은 어떤 것을 보고 알 수 있었나요?
학생 1	꾸고가 바다로 가는 것이 용기 있어 보였어요!
학생 2	어려운 도전을 하는 것이요.
학생 3	엄청 긴 여행을 혼자서 떠나고 바다에도 용기 있게 들어갔어요.

그림책 장면에서 꾸고의 강점을 찾은 것처럼 꾸고가 가진 약점을 장면에서 찾아본다. 학생들이 찾은 꾸고의 약점으로는 덩치가 커서 생기는 불편함, 다리가 짧아서 생기는 불편함 등이 있다. 그리고 손이 지느러미로 되어 있어서 연필을 쓰기 어려워하는 모습을 찾았다. 다양한 장면에서 꾸고의 강점과 약점을 찾아보며 꾸고의 약점이 꾸고에게 큰 어려움이 되었음을 다시 한번 학생들에게 상기시켜주며 꾸고가 어려움을 극복하고 자신의 강점을 살리기 위한 방법을 생각해본다. 꾸고의 내적 요인인 강점과 약점을 찾아 정리한 후 외적 요인을 분석한다.

꾸고의 약점을 극복하고 강점을 잘 살리기 위한 기회를 학생들과 함께 같은 방식으로 찾아본다. 학생들이 찾은 꾸고가 가진 기회 요소는 꾸고에게 도움을 주는 친구들, 꾸고가 힘들 때 찾아온 빛 등이 있다. 그리고 꾸고에게 불리한 환경이나 사람 등 위기를 같은 방식으로 찾아본다. 학생들이 찾은 위기 요소는 바다에 살아야 할 동물이 육지에서 살아가는 환경과 육지에서 살아온 환경 탓에 처음 바다에 적응하는 일 등을 이야기했다. 그 밖에도 친구들의 놀림도 꾸고에게 어려움을 준 위기 요소로 파악했다.

외적 요인인 기회 요소와 위기 요소를 함께 찾아보면서 SWOT 분석을 마무리하고, SWOT 분석표를 작성한다.

SWOT 질문 활용 SWOT 분석 예시

질문	학생들이 발견한 꾸고의 SWOT			
강점(S) - 꾸고가 가지고 있는 강점은 무엇이 있을까요?	키가 커요.	물속에서 빨라요.	지느러미가 있어요.	두려운 마음에도 도전을 해요.
약점(W) - 꾸고가 가지고 있는 약점은 무엇이 있을까요? 장면을 찾아봅시다.	세수를 하는데 시간이 많이 걸려요.	땅 위에서 걸어다니기 어려워요.	덩치가 커서 버스를 타기 어려워요.	지느러미 손이라 글씨를 쓰기 어려워요.
기회(O) - 꾸고에게 도움이 될 수 있는 환경이나 사람은 무엇이 있을까요?	친구들이 바다에 갈 수 있는 훈련들을 도와줘요.	희미한 빛으로 다시 올라갈 힘을 얻었어요.		
위기(T) - 꾸고에게 불리할 수 있는 환경이나 사람은 무엇이 있을까요?	땅 위에서 활동하기 어려움이 있어요.	바다에 처음 갔을 때 적응하기 힘들었어요.	친구들의 놀림 때문에 힘들었어요.	

꾸고의 강점과 약점, 기회와 위기로 질문 만들기

교사와 함께 강점, 약점, 기회, 위기 질문을 만들어본다. 아래는 학생들이 만든 질문 예시이다.

- 강점(S) 질문
  - 키가 크면 높은 곳에 있는 것을 잘 잡을 수 있지 않을까?
  - 지느러미가 있어서 물속에서 빠르게 헤엄칠 수 있지 않을까?
- 약점(W) 질문
  - 덩치가 커서 버스에 타기 어렵지 않을까?
  - 지느러미 손이라 글씨 쓰기가 어렵지 않을까?
- 기회(O) 질문
  - 바다로 가기 위해 준비할 때 누가 도움을 주었을까?
  - 꾸고를 걱정해주는 사람들은 누가 있을까?
- 위기(T) 질문
  - 땅 위에서 살고 있는 것이 힘들지 않을까?
  - 땅 위에 오래 살아서 물속에 적응하기 힘들진 않을까?

꾸고의 강점, 약점, 위기, 기회를 활용한 SWOT 전략 질문 만들기

학생들과 SWOT 분석과 각 요소별 질문을 만든 후 SWOT의 4가지 전략을 활용해서 전략 질문을 만들어본다. 전략 질문을 활용해서 꾸고의 상황을 좀 더 정밀하게 분석하고 그것을 바탕으로 학생들의 삶과 연결되는 지점을 찾아본다. 이때 모둠별로 SWOT의 4가지 전략 중 하나를 정해 분석해보도록 하여 각각의 전략 질문을 심도 있게 탐색할 수 있게 한다. 전체 설명 후 모둠별로 전략 질문을 잘 만들고 있는지 확인하며 SWOT 전략 질문을 만드는 순서에 따라 피드백을 준다.

| 교사 | 이 모둠에서는 강점-기회 전략 질문을 만들어봅시다. 우선 우리가 분석한 강점과 기회에는 어떤 것들이 있는지 적어봅시다.
| 학생 1 | 강점으로는 키가 크고 물속에서 빠른 점이 있어요.
| 학생 2 | 그리고 용기도 있었어요.
| 학생 3 | 기회로는 친구들의 도움과 멀리서 전해져오는 희미한 빛이 있었어요.
| 교사 | 네, 맞습니다. 강점과 기회를 잘 분석했네요. 그러면 강점을 가지고 기회를 살리는 전략으로는 어떤 것이 있을까요?
| 학생 4 | 친구들의 도움을 받아 도전을 하고, 바다에 갈 준비를 할 수 있었어요.
| 교사 | 맞아요! 친구들의 도움을 받아 기회를 살려 강점이었던 도전하는 마음의 힘을 기를 수 있을 것 같네요.
| 학생 1 | 그리고 바다로 가면 헤엄을 빠르게 할 수 있어서 바다라는 공간이 또 다른 기회의 공간이 되기도 한 것 같아요.
| 교사 | 대단합니다. 잘 발견했어요. 바다는 도전의 공간이기도 했지만, 꾸고에게는 또 다른 기회의 공간이기도 하지요. 바다에서 헤엄을 빠르게 할 수 있다는 것도 강점-기회 전략에 해당합니다. 그러면 우리가 찾은 강점-기회 전략을 활용해서 질문을 만들어볼까요? 전략 질문을 만들 때는 삶과 관련된 질문을 만들어봅니다.
| 학생 1 | '친구의 도움을 받아서 도전한 적이 있나요?'라는 질문도 되나요?
| 교사 | 멋진 질문을 만들었네요. 친구의 도움을 받아 도전할 수 있었던 적이 있는지를 묻는 질문은 우리 삶을 돌아보게 하는 질문이지

요. 질문을 잘 만들었어요. 변형하여 '누군가의 도움을 받아 도전했던 적이 있나요?'라는 질문을 해도 좋을 것 같아요. 학생 1이 만든 질문처럼 전략을 활용해서 질문을 만들어봅시다.

학생 2   도전을 하기 위해서 도움이 필요할까요?

학생 3   친구들의 도움으로 도전했을 때 어떤 점이 좋을까요?

교사   이번에는 다른 강점-기회 전략을 활용해서 전략 질문을 만들어봅시다.

학생 1   헤엄을 빨리할 수 있었던 바다 같은 곳이 있나요?

학생 2   꾸고에게 헤엄을 잘할 수 있었던 바다는 어떤 의미일까요?

교사   만든 전략 질문을 잘 정리해봅시다. 다른 모둠과 함께 만든 질문을 나누어봐요.

강점-기회(S-O) 전략 질문	강점	키가 크다	헤엄을 빠르게 할 수 있다	용기가 있다
	기회	친구들의 도움	희미한 빛	바다
학생들이 만든 질문 예시	친구의 도움을 받아서 도전할 수 있었던 적이 있는가?			
	친구들의 도움으로 도전했을 때 어떤 점이 좋을까?			

이렇게 모둠별로 대화를 통해 강점-위기 전략 질문, 약점-기회 전략 질문, 약점-위기 전략 질문을 만든다. 아래에는 다른 모둠의 예시를 표로 작성한 것이다.

강점-위기(S-T) 전략 질문	강점	큰 용기	뛰어난 수영 능력	큰 키
	위기	육지에서 활동이 어려움	바다에 적응하기 어려움	친구들의 놀림
학생들이 만든 질문 예시	용기를 가지고 있으면 두려운 곳도 언제든지 갈 수 있을까?			
	적응하기 힘든 곳 말고 내가 잘 적응할 수 있는 곳은 어디일까?			

약점-기회 (W-O) 전략 질문	약점	큰 덩치	짧은 다리	지느러미 손
	기회	친구들의 도움	희미한 빛	
학생들이 만든 질문 예시	친구들의 도움을 받아서 불편한 것을 해결한 적이 있을까?			
	불편한 곳을 벗어나기 위해 친구들의 도움을 받은 적이 있을까?			

약점-위기(W-T) 전략 질문	약점	짧은 다리	불편한 지느러미	덩치로 인해 피해
	위기	육지	친구들의 놀림	기절
학생들이 만든 질문 예시	나의 약점을 보완하기 위해 다른 곳으로 가야 할까?			
	내가 활동하기 어려운 곳에서 벗어나 다른 곳으로 가야 한다면 어디로 가야 할까?			

　학생들과 만든 전략 질문은 모둠에서 하나의 질문을 선택해서 공유하고 발표한다. 그리고 나서 그중 하나를 선택하여 우리 반 대표 질문으로 선정한다.

　모둠에서 만든 대표 질문을 전체 발표를 통해 확인한다. 각 모둠의 대표 질문의 예로 '친구의 도움을 받아서 도전할 수 있었던 적이 있는가?', '용기를 가지고 있으면 두려운 곳에 언제든지 갈 수 있을까?', '친구들의 도움을 받아서 불편한 점을 해결한 적이 있는가?', '나의 약점을 보완하기 위해 현재 있는 곳이 아니라 다른 곳으로 가야 할까?' 등이 있었다. 이 질문 중에서 우리 반 대표 질문을 정해 전체 질문을 나누는 활동을 한다. 모둠 친구들의 질문 중 함께 나누고 싶은 질문에 투표를 하여 정한 질문은 '친구의 도움을 받아서 도전할 수 있었던 적이 있는가?'이다. 학생들은 이에 대한 대답으로는 친구의 도움을 받아 수학 문제 풀기, 친구의 도움을 받아 자전거 타기, 친구와 함께 연습해서 줄넘기 도전하기, 친구와 함께 태권도 배우기 등이 있다. 학생들에게 이와 같이 친구의 도움이 큰 힘이 된다는 것을 생각해볼 수 있어서 좋았던 점을 상기시키며 더불어 함께 하는 우리 반을 만들기 위해 노력할 점을 안내하며 마무리한다.

SWOT 질문법을 적용한 독후활동

꾸고를 읽고 내가 꿈꾸는 것에 대해 생각해볼 수 있는 독후활동을 한다. 각자 꿈꾸는 삶을 생각해보고 내가 꿈꾸는 세상을 그려서 우리 반 꿈을 바다로 만들어본다. 그리고 꿈꾸는 바다로 가기 위해 미리 준비해야 하는 것을 생각해보고, 바다로 가는 과정을 고래로 표현하여 지도로 만들어본다. 그러면서 필요한 것과 장애가 되는 것을 생각해보면서 자신이 꿈꾸고 있는 것을 이루기 위해 어떤 과정이 필요한지 생각해볼 수 있다.

학생들이 꿈꾸는 세상을 표현해본다. 어떤 학생은 가까운 시기를 또 어떤 학생은 어른이 되었을 때 꿈꾸는 세상을 표현한다. 가까운 미래와 먼 미래가 공존하는 우리들의 꿈꾸는 바다를 표현해보면서 학생들은 서로에 대한 이해와 더불어 자신에 대해 깊이 생각해본다. 그리고 나서 칠판에 고래들을 전시하고, 학생들에게 우리가 함께 꿈꾸는 바다를 만들기 위해 어떤 노력이 필요할지에 대해 이야기를 나누어본다.

우리가 꿈꾸는 바다

바다로 가기 위한 지도

 활동을 하는 동안, 학생들은 자신이 실천할 일들과 꿈을 이루기 위해 필요한 것에 대해 이야기를 나눈다. 다양한 이야기가 오고 가며 교실 안은 학생들이 꾸는 꿈으로 가득 찬 느낌이다. 고래 지도를 완성하고 나서, 각자 자신이 꿈꾸는 세상에 대해 발표한다. 친구들의 발표를 들으며, 학생들은 모두 칠판에 그려진 바다를 향해 조금씩 걸어간다.

9장

다양한 발상을 돕는
스캠퍼 질문법

스캠퍼 질문법*이란?

스캠퍼(SCAMPER)는 미국의 교육행정가인 밥 에벌(Bob Eberle)이 고안한 창의력 증진기법이다. 보편적인 논리에서 벗어나 다각적인 사고를 갖도록 체크리스트를 이용하여 강제적인 연상을 하도록 한다. 기존의 것에 더하거나 빼거나 변형을 함으로써 새로운 것을 만들어낸다. 스캠퍼는 관점의 결합, 수정 및 변형 등과 관련되는 7가지 기법의 앞 글자를 따서 만든 용어다. 7가지 질문을 던지며 생각을 전환할 기회를 제공하여 기존에 자신도 모르게 행하던 생각의 틀이나 습관을 넘어설 수 있다.

1. 대체하기(Substitute): 기존의 것을 다른 것으로 대체함으로써 고정적인 시각을 새롭게 바라볼 수 있도록 하는 질문이다. 예) 빨대의 재료를 플라스틱이 아닌 종이로 하면 어떨까?
다른 누구, 다른 무엇, 다른 성분, 다른 재료, 다른 에너지, 다른 장소, 다른 접근법 등과 같이 다른 것으로 대치하면 어떨까를 질문하는 것이다.
2. 결합하기(Combine): 두 가지 이상의 것을 결합하여 새로운 것을 도출할 수 있도록 하는 질문이다. 예) 컴퓨터와 전화기를 합치면 어떨까? 서로 다른 아이디어를 혼합, 조합시키는 질문을 하는 것이다.

---

* 김은영, SCAMPER 발상기법을 적용한 이야기의 창의적 재구성 교수학습 방법 연구, 2009, 인용 및 참조

3. 응용하기(Adapt) : 어떤 것을 다른 목적과 조건에 맞게 응용해볼 수 있도록 하는 질문이다. 예) 식물의 씨앗이 옷에 붙는 원리를 이용하면 어떨까?

번안하면, 각색하면, 이것과 비슷한 것은 어떤 것이 있는가, 이것은 어떤 아이디어를 시사하는가, 과거의 것과 비슷한 것은 어떤 것이 있는가를 질문하는 것이다.

4. 수정하기-확대하기-축소하기(Modify-Magnify-Minify) : 어떤 것의 특성이나 모양을 변형하고 확대, 축소하여 새로운 것을 생각해볼 수 있도록 하는 질문이다. 예) 컴퓨터와 노트북을 간소화해서 휴대하기 쉽게 만들면 어떨까?

확대시키면, 빼면, 변형시키면, 의미·색깔·소리·향기·형태 등을 바꾸면, 빈도를 높이면, 더 강하게 하면, 더 길면, 생략하면, 간소화하면, 분리하면, 작게(가볍게, 쉽게, 짧게) 하면 등의 질문을 하는 것이다.

5. 다른 용도로 사용하기(Put to other uses) : 어떤 것을 전혀 다른 용도로 생각해볼 수 있도록 하는 질문이다. 예) 캠핑카를 호텔로 사용하면 어떨까?

수정하면 다른 곳에 사용이 가능한지, 맥락을 바꾸면, 모양, 무게 또는 형태로 보아 다른 용도에는 어떤 것이 있는가를 질문하는 것이다.

6. 제거하기(Eliminate) : 어떤 것의 일부 또는 제거가 가능한 기능을 찾아보는 질문이다. 예) 자동차의 지붕을 제거한다면 어떨까?

이것을 없애 버리면, 부품 수를 줄이면, 압축시키면, 낮추면, 더 가볍게 하면 등의 질문을 하는 것이다.

7. 반전하기, 재정렬하기(Reverse-Rearrange) : 어떤 것의 순서, 위치, 기능, 모양 등을 바꾸거나 재정렬하여 새로운 것을 생각해볼 수 있도록 하

는 질문이다. 예) 김밥과 김의 위치를 바꾸면 어떨까?

거꾸로 하면, 반대로 하면, 역할을 바꾸면, 위치를 바꾸면, 원인과 결과를 바꾸어 보면 등의 질문을 하는 것이다.

그림책에 적용하는 스캠퍼 질문법

스캠퍼 질문법은 정해진 7개의 형태에 따라 강제적으로 새로운 발상을 촉진시키는 질문법이다. 그림책에 나온 다양한 소재들을 대체(S), 결합(C), 응용(A), 수정(M), 다른 용도로 활용(P), 제거(E), 반전(R)의 방법을 통해서 변형하면서 생각을 확장시킨다. 작은 변화를 통해 창의력을 억누르는 고정관념의 족쇄를 풀고 새로운 생각을 가지게 된다. 그래서 스캠퍼 질문법을 활용할 때는 중심소재가 명확한 그림책이 좋다. 7가지 질문법으로 중심소재를 변형, 결합, 제거하면서 작가가 소재를 선택한 이유를 알아차리고 그림책의 주제와 작가의 메시지를 이해하게 된다. 때로는 작가의 메시지와 별개의 새로운 메시지를 발견하고 자신만의 가치를 알아차리게 되기도 한다.

스캠퍼 질문법 활용 수업은 정해진 7개의 형태가 있어서 교사가 제시해주는 질문 예시에서 크게 벗어나지 않는 경우가 있다. 하지만 정해진 형태라도 학생들이 스스로 그림책의 다양한 소재를 대체, 결합, 응용, 수정, 다른 용도로 활용, 제거, 반전을 통해 변형하면서 창의력이 길러진다.

스캠퍼 질문법 활용 수업에서 교사는 지지자로서의 역할을 한다. 학생들이 새롭게 만드는 7가지 형태의 질문을 확인하고 학생들이 상상하는 새로운 생각들을 지지하고 격려하며 마음껏 생각의 틀을 깰 수 있도록 돕는다. 그리고 작은 변형을 통해 큰 변화를 일으켰던 발명품들처럼 생각의 변화가 큰 문제를 해결할 수 있음을 배우게 돕는다.

『풀이 나다』를 소개합니다

『풀이 나다』는 중의적 표현을 담고 있다. 내가 풀이다, 풀이 '나'라는 뜻과 내 머리에서 풀이 돋아나고 있다는 뜻도 있다. 내게 있는 수많은 단점, 감추고 싶은 부분도 내 일부이고 내 모습이다. 없애고 싶은 부분도 있고 감추고 싶은 부분이 있지만, 없앨 수도 감출 수도 없다. 풀의 존재를 부정하고, 없애려 하고, 감추려 했을 때는 주인공의 표정이 보이지 않았다. 주인공이 자신의 풀을 드러내고 자신이 풀이라고 하면서 자신을 인정할 때 주인공의 표정이 드러나면서 미소 짓는다.

한나 글·그림 | 딸기책방

『풀이 나다』는 자신의 단점, 상처를 인정하게 한다. 『풀이 나다』를 읽고 있으면 내게 있는 단점, 감추고 싶은 상처가 생각난다. 남들 앞에 드러날까 봐 걱정되는 단점, 상처가 내게 있음을 인정하고 있는 그대로 받아들일 때 풀이 나를 나타내고 꾸며주는 요소가 된 것처럼 내 단점, 내 상처가 나의 특성이 되고 내가 될 수 있다. 『풀이 나다』를 읽고 풀의 형태로 나타난 단점과 상처를 스캠퍼 7개의 형태의 질문을 활용하여 변형하면서 자신의 단점과 상처를 있는 대로 받아들이고, 그 단점이나 상처도 자신의 일부이고 받아들여도 된다는 것을 알게 하고 싶었다. 스캠퍼 기법을 통해 때로는 단점이라고 생각한 특성이 완전히 새로운 쓰임으로 변할 수 있다는 사실을 발견하고 있는 그대로의 자신을 존중하고 사랑하게 되는 계기가 될 것이다.

수업을 시작합니다

명화 변형 놀이

스캠퍼 질문을 활용한 수업에서는 사물을 자세히 관찰하고 자신이 직접 변형해보는 경험이 중요하다. 명화를 살펴보고 스캠퍼 기법을 활용하여 변형해보는 놀이를 통해 학생들은 명화를 자세히 관찰하게 되고, 어떻게 변형할지 고민을 하게 되는데 이 과정을 통해 스캠퍼 기법을 이해하고, 어떻게 적용할지 고민하는 시간을 가지게 된다.

〈놀이 방법〉

준비물 : 명화카드 30장, 스캠퍼 질문카드 10장(메모지 활용해서 제작 가능함.)

① 4인 1모둠을 구성하고 모둠별로 명화카드 30장, 스캠퍼 질문카드 10장(10장 중 1장은 조커로 모든 스캠퍼 기법 활용이 가능)을 나눠준다.
② 명화카드와 스캠퍼 질문카드를 뒤집어서 가운데 쌓아놓는다.
③ 1명씩 돌아가며 술래가 되어 명화카드 1장과 스캠퍼 질문카드 1장을 보여주면 나머지 학생들은 명화에 스캠퍼의 질문법을 적용하여 명화를 변형해 그린 뒤 그림이 보이지 않게 술래에게 제출한다.
④ 술래는 그림을 섞어 누가 그린 그림인지 확인하지 않고 명화에 스캠퍼를 잘 적용시킨 학생에게 스캠퍼 질문카드를 준다.
⑤ 스캠퍼 질문카드가 모두 떨어질 때까지 게임을 한 뒤 가장 많은 카드를 받은 학생이 승리한다.

모둠별로 명화카드와 스캠퍼 질문카드를 중앙에 뒤집어서 쌓아놓고 한 명씩 돌아가며 술래가 된다. 술래가 된 학생 1은 명화카드 중에서는 반 고

학생 2 : 명화의 달을 별로 대체함

흐의 '별이 빛나는 밤'과 스캠퍼 질문카드 중에서는 대체하기(Substitute)를 뽑고 학생 2, 3, 4에게 명화를 변형시킨 뒤 보여주도록 안내한다. 학생 2, 3, 4는 스마트폰을 활용하여(cut mix studio 앱 등을 활용함) 명화를 변형시켜 술래에게 보여준다.

학생 3 : 명화의 산을 전망대로 대체함

학생 4 : 명화의 산을 자유여신상으로 대체함

학생 1은 학생 2, 3, 4가 제출한 그림 중 대체하기(Substitute)를 가장 잘 적용했다고 생각하는 학생에게 스캠퍼 질문카드를 준다. 학생 1은 '별이 빛나는 밤에'와 '자유의 여신상'을 결합한 학생 4의 작품이 가장 잘 어울린다고 판단하여 학생 4에게 대체하기(Substitute) 카드를 줬다.

스캠퍼 질문카드를 전달한 뒤에는 학생 2가 술래가 돼서 명화카드 1장, 스캠퍼 질문카드 1장을 뽑는다.

각 모둠별로 스캠퍼 질문카드 10장이 모두 소진될 때까지 게임을 진행한다. 게임이 종료되면 스캠퍼 질문카드를 가장 많이 얻은 사람이 승리한다.

질문 징검다리

『풀이 나다』를 읽고 스캠퍼 기법을 활용하여 질문을 만드는 연습을 한다. 스캠퍼 7개의 질문 유형 예시를 참고하여 7개의 구역에서 스캠퍼 요소에 해당하는 질문을 만든다. 한 구역에서 질문을 만들면 다음 구역으로 이동하는 방식으로 1인당 7개의 질문을 완성하는 놀이이다. 모든 구역에서 7개의 모둠이 동시에 시작하여 동시에 끝날 수 있도록 타이머를 활용한다.

〈놀이 방법〉
① 7개의 구역을 마련해놓고 큐레이터를 1명씩 배치한다.
② 모둠별로 구역으로 이동해서 스캠퍼 요소에 해당하는 질문을 만든다.
③ 모둠원들이 모두 질문을 만들면 다음 구역으로 이동할 수 있다.(S ⇨ C ⇨ A ⇨ M ⇨ P ⇨ E ⇨ R ⇨ S의 순환식 구조)

④ 완성 시 해당 구역의 알파벳 스티커를 받는다.
⑤ 모든 구역에서 질문을 1개씩 만들면 스캠퍼를 완성하고 구역을 탈출한다.

큐레이터는 질문 예시를 제시하고 구역에 방문하는 학생들에게 스캠퍼 요소에 해당하는 질문을 만들도록 안내한다.

S 구역 '대체하기' 질문 예시

풀이나 꽃을 투명하게 할 수 있다면?

학생 1 : 풀이나 꽃이 나무로 바뀐다면?

학생 2 : 풀이나 꽃이 자신이 좋아하는 것으로 바뀐다면?

학생 3 : 풀이나 꽃이 아닌 열매로 자라난다면?

학생 4 : 풀이나 꽃이 금으로 바뀌면?

S 구역에서 '대체하기' 질문을 완성한 학생들은 C 구역으로 이동하여 질문을 만든다.

C 구역 '결합하기' 질문 예시

풀이나 꽃이 난 상태에서 뿌리까지 생긴다면?

학생 1 : 풀이나 꽃뿐만 아니라 다른 식물도 자란다면?

학생 2 : 풀이나 꽃에 벌레가 꼬인다면?

학생 3 : 풀이나 꽃에 열매가 열린다면?

학생 4 : 풀이나 꽃이 난 상태에서 애벌레가 자란다면?

C 구역에서 '결합하기' 질문을 완성한 학생들은 A 구역으로 이동하여

질문을 만든다.

A 구역 '응용하기' 질문 예시
내가 단점이라고 생각한 특성이 꽃이나 풀처럼 나를 드러내주고, 꾸며주는 역할을 하는 것은?
학생 1 : 풀이나 꽃이 머리가 아닌 몸 전체에 자라난다면?
학생 2 : 꽃이나 풀이 오히려 장점으로 작용한다면?
학생 3 : 풀이나 꽃과 같은 존재는 무엇이 있을까?
학생 4 : 풀이나 꽃을 남들에게 주는 데 사용한다면?

스캠퍼 구역을 돌며 질문을 만들 때는 각 구역에 비치된 전지에 누적하여 기록하도록 하고, 이미 만들어진 질문 말고 다른 질문을 기록하도록 규칙을 정해서 학생들이 한 유형 안에서 다양한 질문을 경험하도록 돕는다.

질문을 완성한 뒤에는 갤러리 워크 활동을 통해 다른 학생들이 만든 질문들을 둘러본다. 각 구역에서 큐레이터들은 자신의 구역에서 나온 질문들을 보여주며 스캠퍼 기법과 연계하여 설명한다.

패러디 그림책 만들기

모둠별로 스캠퍼의 한 요소씩 맡아 질문 징검다리 놀이에서 나온 질문으로 패러디 그림책을 만든다. 각 구역에서 축적된 질문 중 모둠원이 협의하여 그림책을 만들기 좋은 질문을 정하고 해당 질문을 활용하여 그림책을 만든다. 교사는 스캠퍼 기법을 잘 이해할 수 있는 질문을 선정하도록 돕는다.

M(수정, 확대 및 축소) : 주인공이 커진다면?

주인공이 커진다는 설정으로 잭과 콩나무의 거인을 주인공으로 정함.

주인공 거인의 머리에 풀이 자라나는 장면

제목 : Jack's 나무

잭과 콩나무의 거인이 주인공으로 등장한다.

거인의 머리에 새싹이 자란다.

거인은 머리에 풀이 자라는지 전혀 인식하지 못하면서 지낸다.

풀은 자라서 나무가 된다. 나뭇잎에는 벌레들이 모여들고 가지에는 새들이 와서 둥지를 튼다.

주인공 : 언제부터 내 머리에 이런 나무가 있었지? 내 머리 위에서 여러 생명체가 와서 사네. 거인은 자신의 머리 위 나무를 잘 가꾸고 더 많은 생명이 살게 된다.

주인공이 커진다는 설정으로 패러디 그림책을 작성했다. 잭과 콩나무에 나온 거인의 머리에 나무가 자라고 그 안에서 생태계를 이룬다는 내용을 구성했다.

P(다른 용도로 사용하기) : 머리에 난 풀이나 꽃들을 활용하여 식물도감을 만든다면?

머리에 난 풀이나 꽃들을 활용하여   머리에 난 해바라기에 대한 특성,
식물도감을 만듦.   꽃말들을 찾아서 작성함.

제목 : 꽃이 흘러내리다

주인공 : 어, 이게 뭐지?

하루아침에 내 머리에서 새싹이 자라났다.

주인공 : 이게 무슨 꽃일까?

주인공은 머리에 난 꽃을 궁금해하고 그 꽃이 무엇인지 알아보기로 하였습니다.

주인공 : 엇, 내 꽃은 해바라기랑 비슷하잖아!

    해바라기 - 꽃말 : 프라이드(자신감), 생활형 : 한해살이풀

주인공 : 다른 노란색 꽃들도 알아봐야겠다.

    개나리 - 꽃말 : 희망, 생활형 : 여러해살이풀

    수선화 - 꽃말 : 자기 사랑, 생활형 : 여러해살이풀

    미모사 - 꽃말 : 우정, 생활형 : 한해살이풀

주인공 : 앗, 내 머리에 꽃이 고구마꽃으로 바뀌었네. 고구마꽃과 다른 보라색 꽃에 대해서도 알아봐야겠어.

    고구마꽃 - 꽃말 : 행운, 여러해살이풀

    보라색 히아신스 - 꽃말 : 슬픔, 여러해살이풀

    작약 - 꽃말 : 분노, 여러해살이풀

주인공 : 꽃마다 자신의 꽃말이 있고 각자 의미가 있구나. 나도 내 꽃말을 찾아서 내 빛깔대로 살아야겠어.

머리에 난 꽃들을 식물도감으로 활용하는 패러디 그림책을 작성했다. 노란꽃, 보라색 꽃 둘로 챕터를 나눠서 해바라기, 개나리, 수선화 등의 노란색 꽃과 고구마꽃, 작약, 보라색 히아신스 등의 꽃들의 꽃말, 특성 등으로 내용을 구성했다.

E(제거하기) : 머리에 난 꽃이나 풀이 사라진다면?

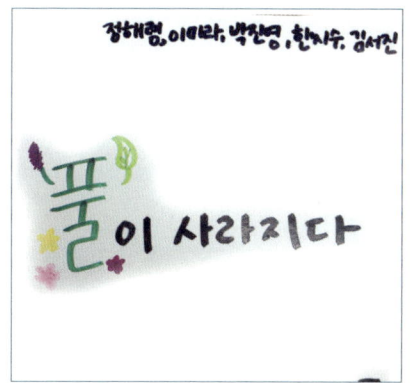

이미 머리에 난 풀이나 꽃을 제거함.

머리에 난 꽃과 풀들로 인해 부끄러워하고 슬퍼함.

제목 : 풀이 사라지다

머리에 꽃이 많이 자랐다.
그런데 친구들이 험담하는 것을 들었다.
친구 A : 걔 머리가 그게 뭐야?
친구 B : 그러게. 머리에 난 꽃이 너무 이상하더라.
그것을 듣고 기분이 나빠졌다.
스트레스로 머리가 아프기 시작했다.
주인공 : 내 머리 위에 꽃이 시들어 버렸다.
주인공 : 이제 죽는 건가…?
주인공 : 아니야. 이런 생각하면 안 돼. 다시 생각해보자. 난 예뻐!
긍정적인 생각이 마음을 채우자 다시 꽃이 피기 시작했다.
이 꽃은 자라고 자라서 어느 날 내 머리에서 떨어졌다.
주인공 : 난 성장했어!

 이미 머리에 난 풀이나 꽃을 제거하는 방식으로 패러디 그림책을 작성했다. 주인공은 머리 위에 꽃이 난 것 때문에 스트레스로 고통을 호소한다. 결국 꽃은 시들고 주인공도 걱정한다. 하지만 자신에 대해 긍정적으로 다시 생각하고 머리에서 다시 꽃이 나기 시작한다. 주인공이 성장하자 그 꽃은 자연스럽게 머리에서 떨어지게 된다는 내용으로 구성했다.

R(반전, 재정렬하기) : 장점이 풀로 드러난다면?

거울을 통해서 볼 때만 장점이 풀로 드러나도록 내용을 구성함.

엄마에게 몸속에서 풀이 났다고 말하지만, 다른 사람의 눈에는 보이지 않기 때문에 엄마는 알아차리지 못함.

제목 : 거울 속의 나

거울을 통해 자신의 몸속에서 나는 풀을 발견한다.

주인공 : 어, 이게 뭐지?

주인공 : 엄마, 몸에서 풀이 자라요!

자신의 몸속에 난 풀은 거울을 통해서 자신만 볼 수 있고 타인은 알 수 없다.

엄마 : 응? 무슨 소리니? 꿈을 꿨나 보구나.

주인공 : 여기 풀 있는데….

자신의 몸속에 풀이 담겨 있는 화분에는 '외모'라고 써져 있다.

주인공 : 엇? 풀이 더 생겼잖아? 화분에 적혀있는 외모는 무슨 뜻일까?

외모에 대한 자신감이 성장하자 화분에 있는 풀도 자란다.

자신의 장점이 풀로 드러나게 되고, 그것이 거울을 통해서 자신에게만 보인다고 재정렬하여 패러디 그림책을 작성했다. 자신의 특성이 외모, 성격, 건강상태, 센스 등의 화분별로 풀이 자라나고 자기 계발에 열중할수록 풀이 잘 자라게 되고 자신의 성장이 눈에 보이기 때문에 성장에 더욱 힘쓴다는 내용으로 구성했다.

내 머리에 꽃이 폈어

『풀이 나다』의 주인공과 같이 자신의 머리에 꽃이 피어난다면 감정이 어떻게 변할지 생각하는 시간을 가졌다. 앞서 P 모둠이 만든 식물도감을 참고하여 자신의 머리에 피어나길 바라는 꽃의 이름과 함께 꽃말도 조사하여 자신의 현재 감정을 표현해본다. 긍정적인 감정을 가진 학생들도 있지만, 보라색 작약을 그리면서 학업 스트레스로 고생하는 자신의 상황에 분노를 표현하는 학생도 있다. 자신의 감정에 대해 인식하고 그것을 표현하는 활동을 통해 억눌렸던 감정이 해방되는 듯했다.

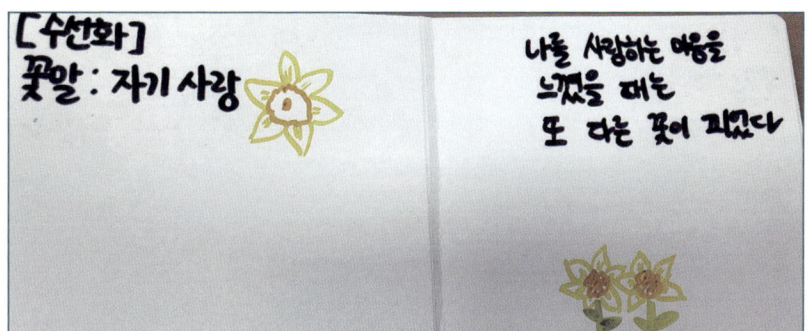

10장

사고의 흐름을 명료하게 하는
오리드 질문법

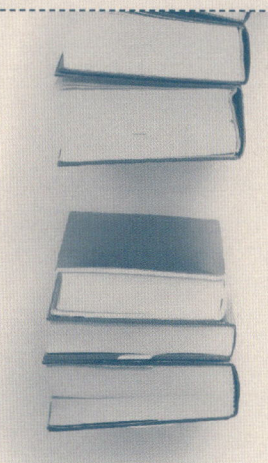

오리드 질문법*이란?

오리드(ORID)는 제2차 세계대전이 끝나고 전쟁 후유증으로 힘들어하는 참전 병사들을 상담하고 치료하는 프로그램으로 개발된 상담기법이다. 예술 감상 원리를 상담에 적용한 것으로, 예술작품을 감상할 때 논리적으로 분석하고 따지기 전에 순수하게 예술작품을 감상하고(objective), 작품을 보고 들었을 때 각자의 마음에 느껴지는 감정에 귀 기울여보고(reflective), 그런 후 작품이 무엇을 이야기하려고 할까, 나에게 주는 시사점이 무엇일까를 생각해보라는 것이었다(interpretive). 그러면 최종적으로 그 작품에 자신만의 결론을 내릴 수 있게 되고(decisional), 작품을 소유하든 안 하든 자신만의 세계로 들어서게 된다는 것이다.

오리드 질문법은 자신이 직접 경험한 것을 지각하고, 그때의 느낌을 그대로 반응하며, 해석해서 결정을 내리기까지 자연스러운 생각의 흐름을 따라 결론에 스스로 도달할 수 있도록 4단계의 질문으로 구성되어 있다. 시카고 대학 조지프 매튜스(Joseph Mathews) 교수에 의해서 개발된 이 프로그램은 ICA(International Cultural Affairs)라는 국제 NGO에서 주제에 집중해서 깊이 탐색하는 대화로, 집중 대화 기법(Focused Conversation Method)으로 불렸고, 퍼실리테이터들이 4단계 질문을 활용하여 대화를 도우면서 각 단계의 앞 글자를 따서 ORID라는 별칭으로 사용하고 있다.

---

* 채홍미, 주현희 공저, 『퍼실리테이터 : 소통을 디자인하는 리더』, 아이앤유, 2014, 인용 및 참고

- 1단계 인식(Objective) 질문 – 사실을 확인하며 지각하는 단계로, 무엇을 보고 듣고 경험했는지 사실과 직면하게 하는 질문이다. 예를 들면 '어떤 일이 발생했나요?' '무엇이 보이나요?'와 같이 감정이나 판단 없이 사실만을 확인하는 단계의 질문이다.
- 2단계 느낌(Reflective) 질문 – 알아차림과 같은 반응의 단계로 그때의 느낌에 관해 이야기하는 질문이다. 예를 들면 '어떤 감정이 느껴지나요?' '느낌이 어때요?'와 같이 사실을 확인하고 나서 자기 내면의 감정을 반응시키는 단계의 질문이다.
- 3단계 판단(Interpretive) 질문 – 가능성을 생각하는 단계로, 왜 그런 일이 일어나야만 했는지 생각해보는 질문이다. 예를 들면 '왜 그런 일이 일어났나요?' '이 일이 일어난 원인과 결과는 무엇인가요?' '이 일을 통해 무엇을 배웠나요?' '깨닫게 된 것은 무엇인가요?'와 같이 상황에 대해 전체적으로 자기 생각을 담아 평가하는 단계의 질문이다.
- 4단계 결정(Decisional) 질문 – 결론을 도출하는 단계로, 자신이 원하는 것이 무엇이고, 어떻게 살아갈 것인가를 결정하는 질문이다. 예를 들면 '앞으로 어떻게 대처하는 것이 옳을까요?' '해결방안은 어떤 것이 있을까요?' '앞으로의 다짐은 어떠해야 할까요?' '함께 할 수 있는 캠페인 활동은 무엇이 있을까요?'와 같이 실천적 의지를 담은 결정을 내리는 단계의 질문이다.

오리드 4단계 질문법의 적용은 반드시 단계별로 연계되어야 하며, 어떤 단계도 생략해서는 안 된다. 지각, 반응, 해석, 결정의 단계로 사고의 흐름이 자연스럽게 흘러가도록 해야 하기 때문이다.

그림책에 적용하는 오리드 질문법

오리드 질문법은 질문을 하며 답을 얻어가는 과정이 인간의 사고 흐름에 맞추어 진행되기 때문에 그림책에서 전개되는 모든 서사에 적용하기에 너무나도 자연스럽다. 때문에 그림책을 이해하고 삶을 성찰하는 데 긴요하게 활용할 수 있다.

그림책에 오리드 질문법을 적용하자면 1단계에서는 개인의 주관을 배제하고 그림책에 있는 그대로의 사실 정보만으로 질문을 하고 답한다. 2단계에서는 그림책을 보고 들었을 때, 자신의 마음에 느껴지는 감정에 귀기울인다. 그림책을 읽거나 보고 난 느낌에 반응하는 단계로 주인공 입장이나 독자의 입장, 이 두 가지 관점에서 질문하고 답할 수 있다. 3번째 단계는 그림책이 나에게 어떤 이야기를 하고 있는지 생각해본다. 작가가 전달하고자 하는 의미나 메시지가 무엇인지 생각해본다. 즉 그림책이 전하고자 하는 의미와 가치를 해석하고 평가하는 질문을 하고 답한다. 마지막으로 4단계는 의사결정 단계로 결론을 도출하고 앞으로의 실천 의지를 표명하는 단계이다. 이와 관련해서 앞으로 어떻게 할 것인지에 대해 자신의 실천적 의지를 담은 방법이나 구호를 만들어볼 수 있다. 때로는 오리드 질문법을 그림책 전체가 아닌 어느 한 장면에 적용해볼 수도 있다. 자신의 내면을 이야기하는 듯한 장면과 만나게 되는 경우도 있기 때문이다.

오리드 질문법은 4단계로 정해져 있지만, 상황에 따라 전개되는 사고의 흐름을 따르고 있기 때문에 다른 질문법들과 크게 다르지 않다. 그림책의 내용 텍스트나 그림을 보고 인식-반응-평가-결정의 단계가 자연스럽게 이어지기 때문이다.

학생들은 곧잘 인식의 단계를 생략하고 바로 반응으로, 심지어 인식과 반응의 단계까지도 생략하고 바로 판단과 결정의 단계로 이야기를 진행시키는 경우도 있다. 크게 문제는 되지는 않겠지만, 오리드 질문법의 의의를 살리고자 한다면 어떤 단계도 생략하지 않고 또 단계가 섞이지 않고 흘러갈 수 있도록 첫 단계부터 꼼꼼히 안내할 필요가 있다. 오리드 질문법은 첫 단계인 사실 확인부터 잘 출발하는 것이 매우 중요하다. 이것을 놓치지 않는다면 다음 단계로의 전개는 어려움이 없을 것이다.

『슈퍼 거북』을 소개합니다

거북이 꾸물이는 경주에서 토끼를 이긴 후 '슈퍼 거북'이라는 별명을 얻게 되고, 자신 의사와는 상관없이 슈퍼 거북의 열풍에 휩싸이게 된다. 온 도시가 거북이를 열망하며 영웅시하며 슈퍼 거북 동상까지 세워진다. 이런 분위기에 거북이 꾸물이는 자신의 본모습이 드러나면 실망할까 봐 진짜 빠른 슈퍼 거북이 되기로 결심한다. 먼저 도서관으로 달려가 빨라지는 방법이 담긴 책을 찾아 읽고, 실천에 옮긴다. 비가 오나 눈이 오나 바람이 부나 매일 같이 온종일 강한 훈련을 한 덕분에 조금 빨라져서 진짜 슈퍼 거북처럼 되어간다. 그렇게 빨라지지만, 꾸물이는 오히려 딱 하루만이라도 느긋하게 살고 싶어 하나도 행복하지 않다. 무엇보다도 예전처럼 천천히 걷고 싶은 마음이 간절하다. 그러던 어느 날 토끼에게서 도전장을 받는다. 경주를 앞두고 부담감에 며칠 밤을 설친 꾸물이는 경주의 'ㄱ'자도 듣기 싫은 상태로 점점 지쳐간다. 결국 경주 중에 거북이는 앞서가다 잠시 쉬면서 토끼에게 승리를 내어 주게 된다. 집으로 돌아온 꾸물이는 아주 오랜만에 단잠에 빠진다. 그리고 드디어 별도 쬐고 책도 보고 좋아하는 꽃도

유설화 글·그림 | 책읽는곰

가꾸면서 아주 행복하게 살아간다.

　『슈퍼 거북』에서는 표지 그림부터 '빠르게 살자!'라는 각오를 머리에 질끈 맨 거북이의 꽉 다문 입술을 보여주며 느림의 아이콘인 거북이의 정체성을 깨고 있다. 나답게 사는 것이 무엇인지를 생각하게 한다. 경주에서 이긴 거북이 꾸물이는 정말 행복했을까? 우리는 남의 잣대에 나의 삶을 맞추곤 한다. 남의 시선을 의식하고, 남들이 좋다더라 하는 것을 쫓으며, 부모나 사회가 원하는 삶에 부응하며 살아간다. 난 무엇을 위해 그리 열심히 사는가? 이것이 진정 내가 원하는 삶이 맞는가? 남들이 좋다고 하는 삶은 아닌가? 열심히 사는 지금은 진정으로 내가 원하는 삶인가? 오리드 질문법을 『슈퍼 거북』에 적용한 이유는 나답게 산다는 것이 무엇이며, 어떻게 사는 것이 자기 행복을 찾아가는 삶인지를 생각해보기 위해서다.

수업을 시작합니다

오리드 질문 놀이(눈치 게임 방식)
제시된 사진으로 오리드 질문법을 익히기 위해 1~4단계 질문에 맞는 답을 이어가는 놀이이다.

〈놀이 방법〉
① 4명을 1모둠으로 진행하며, ORID 4단계의 질문을 4명이 각각 맡는다.
② 학생들에게 준비한 사진과 질문지를 나눠주고 작성하게 한다.
③ 모둠을 외치며 모둠원이 동시에 일어나서 기회를 획득해야 한다. 다른 모둠과 동시에 일어났을 경우 말할 기회를 잃게 되며 다음 순서에 바로 일어나지 못한다.
④ 모둠을 외치며 일어나서 각각의 단계를 맡은 친구들이 1-2-3-4단계로 이어 나간다.
⑤ 제일 먼저 일어나서 발표에 성공한 모둠에게 4단계까지 성공했다면, 4+모둠 수 만큼의 점수를 부여한다. 예를 들어, 7모둠이 참여했다면 4+7=11점이 되는 것이다. 다음번째 성공하는 모둠은 10점-9점-8점 순으로 점수를 부여한다.
⑥ 모둠원이 발표한 내용이 단계에 적합하지 않은 응답일 경우 다른 모둠이 이의 제기를 하면 검증의 과정을 거쳐서 성공 여부를 결정한다.

교사	활동지의 사진을 보고 각 단계에 맞게 작성하고, 단계별로 역할을 정하세요. 놀이는 '눈치 게임' 방식으로 진행됩니다. 일어나면서 자신의 모둠을 외쳐주세요. 성공적으로 일어났다면 1-2-3-4단계 질문에 맞게 답하는 것입니다. 자, 그럼 시작해볼까요.

오리드 질문 놀이를 위한 활동지

준비되었나요? 시작~!

7모둠　7모둠!(4명 모두 성공적으로 일어남)

7모둠　탱크가 보여요.(1단계) 두려워요.(2단계) 전쟁의 심각성을 알려주는 것 같아요.(3단계) 전쟁을 반대하는 운동에 적극적으로 앞장서야겠어요.(4단계)

교사　7모둠 4단계 성공! 4점에 모두 7개 모둠이니 7점을 더해 11점을 얻었어요.

2, 5모둠　(동시에 외치며 일어났다가 다시 앉음)

4모둠　4모둠!

4모둠　어린 여자아이가 아기를 업고 있어요.(1단계) 전쟁고아인 듯해요.(2단계)

6모둠　전쟁고아인 듯하다는 것은 2단계가 아닌 것 같아요.

10장 사고의 흐름을 명료하게 하는 오리드 질문법 — 247

교사	다른 학생들은 어떻게 생각하나요?
학생들	아닌 것 같아요.
교사	그럼 이건 어느 단계일까요?
학생들	느낌이 아니라 3단계인 판단에 해당하는 것 같아요.
교사	네, 그럼 2모둠은 다음 기회에 다시 도전해주세요.
6모둠	6모둠! 탱크와 아이들이 보여요.(1단계) 불쌍해요.(2단계) 전쟁은 많은 고아를 만들어요.(3단계) 전쟁은 많은 것을 잃는 것이니 다시는 일어나지 않아야 해요.(4단계)
교사	네, 6모둠은 4단계 성공에 두 번째로 성공했으니 6점을 더해서 10점을 얻었어요.

하나의 사진을 가지고 오리드 질문법을 적용하는 놀이를 반복적으로 진행하니, 학생들의 응답은 점점 구체적이고 다양하다. 특히 상황을 평가해서 해석하는 3단계나 앞으로 해결해야 할 방향을 보여주는 4단계의 답은 매우 고무적이다.

[3단계 다양한 응답]
전쟁의 심각성을 알려주는 것 같아요.
전쟁은 많은 고아를 만들어요.
전쟁은 너무 잃어버리는 게 많아요.
전쟁은 이겨도 져도 모두에게 너무 가혹해요

[4단계 다양한 응답]
전쟁을 반대하는 운동에 적극적으로 앞장서야겠어요.

무력 전쟁은 모든 것을 잃는 것이니 다시는 일어나지 않아야 해요.
우리나라를 지키기 위해 전 꼭 군대에 갈 거예요. 특전사로요.
다른 나라의 침략을 받지 않으려면 우리를 지킬 수 있는 힘을 길러야 해요.
우리나라도 강대국이 되어야 해요.
외교능력을 키워야 해요.
전쟁으로 힘든 나라들을 지원해주어야 해요.

가장 마음에 닿는 장면 골라서 질문법에 적용한 후 나누기

모둠 수만큼 그림책을 준비한다. 준비한 그림책에 사전에 모둠원 인원 수에 맞게 포스트잇을 붙여두고, 전지와 유성 매직을 준비한다.

교사가 그림책을 읽어준 후 모둠별로 그림책을 한 권씩 나누어준다. 4명이 1모둠이 되어서 그림책에서 가장 마음에 와닿는 장면을 하나씩 고른다. 포스트잇에 가장 마음에 와닿은 장면에 대해 오리드 단계의 질문에 맞게 응답을 적어서 해당 장면에 붙이는 개인 활동을 한다.

학생들은 주인공 꾸물이가 빠르게 살자고 각오를 하는 장면과 맹훈련을 거듭하다가 너무 지친 모습에, 그리고 경기에 지고 오히려 행복하게 단잠을 자는 장면과 그날 이후 거북이 다운 행복한 삶을 이어가는 모습에 가장 많은 포스트잇을 붙인다.

개인 활동이 끝나면 전지를 펼치고 4면의 귀퉁이에 각각 모둠원의 이름을 자신만의 색깔로 적는다. 앞에서부터 책을 넘기면서 가장 먼저 등장하는 모둠원의 포스트잇을 전지로 옮겨붙이고 그림책 장면을 보면서 이야기를 나눈다. 오리드 단계에 맞추어 쓴 자기 생각을 발표할 때 나머지 모

오리드 단계의 질문에 맞게 응답한 학생 개인 활동 결과물

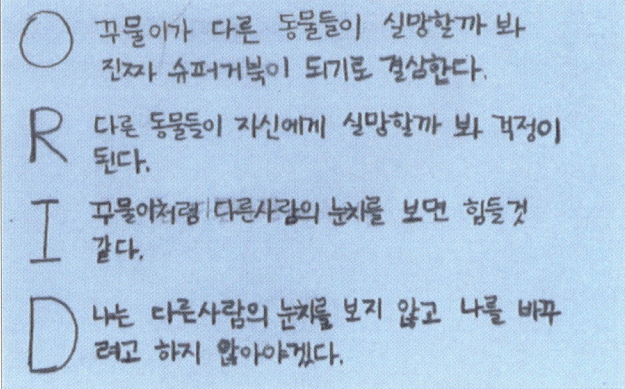

주인공이 빠르게 살자고 각오를 하는 장면

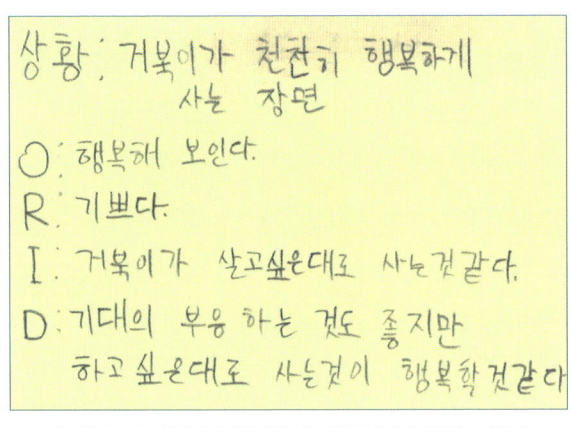

경기에 진날 이후 거북이다운 행복한 삶을 이어가는 장면

둠원은 자신도 같은 생각이 들었다면 자신의 이름이 있는 장면에서 친구가 붙여놓은 포스트잇 영역에까지 도달하는 선을 그어서 연결한 후 자신의 생각도 덧붙여 쓴다. 또 생각이 다른 경우도 덧붙여 쓰며 이야기를 나눈다. 그렇게 기억에 남는 장면을 서로 돌아가며 충분히 이야기를 나눈다.

주인공의 처지에서 이야기를 할 수도 있지만, 독자인 자기 삶에 적용해서 이야기를 나눌 수도 있다고 안내한다.

학생 전지 활동 결과물

가장 기억에 남는 순간을 그림책을 펼쳐놓고 서로 나눈 모습

1~4단계 이어 말하기

그림책을 읽고 자신이 마음에 와닿는 장면을 오리드 질문의 각 단계에 맞게 적용해서 질문에 대한 응답을 이어가며 4단계의 질문법을 익히는 놀이이다.

〈놀이 방법〉

① 먼저 할 모둠을 정한 후 모둠이 모두 한 줄로 선다.
② 그 모둠이 전지 활동한 그림책의 장면 중의 하나를 골라 제시한다.(교사가 제시하거나 학생들이 정할 수도 있다. 이 규칙은 학생들과 함께 정한다)
③ 모둠원들이 1-2-3-4단계 질문에 맞는 응답을 한다. 이때 앞 사람이 말한 걸 반복적으로 말하며 이어붙여서 말을 해야 한다.
④ 4단계까지 모두 성공한 모둠은 4점을 얻는다.
⑤ 말을 계속 이어나가지 못하거나 순서가 틀리거나 말을 빠뜨리는 모둠은 성공한 단계만큼의 점수를 얻는다.

학생들이 충분히 이해할 수 있도록 하나의 장면을 제시하고 교사가 먼저 4단계에 맞추어 예시를 보여주는 방법을 적용해도 좋다.

교사　놀이 도전 모둠은 앞으로 나와서 순서대로 서주세요. 준비되었나요?
(교사는 '꾸물이가 동물들이 실망할까 봐 진짜 슈퍼 거북이 되기로 결심한 장면'을 제시)
모둠원 1　거북이 꾸물이가 빠르게 살자고 결심을 하고 빠르게 살자고 머리에 띠를 맨다.
모둠원 2　거북이 꾸물이가 빠르게 살자고 결심을 하고 빠르게 살자고 머리에 띠를 맨다. 마음을 단단히 먹는다.
모둠원 3　거북이 꾸물이가 빠르게 살자고 결심을 하고 빠르게 살자고 머리에 띠를 맨다. 마음을 단단히 먹는다. 다른 동물들에게 슈퍼 거북이 아니라고 실망하는 모습을 보여주고 싶지 않아서이다.
모둠원 4　거북이 꾸물이가 빠르게 살자고 결심을 하고 빠르게 살자고 머리에 띠를 맨다. 마음을 단단히 먹는다. 다른 동물들에게 슈퍼 거북이 아니라고 실망하는 모습을 보여주고 싶지 않아서이다. 다른 사람에 좋은 평가를 받기 위해 노력하는 것은 옳지 않은 것 같다.

학생들은 장면을 보고 각 단계를 이어가며 이야기를 해서 반복적으로 4단계를 익힐 수 있다. 놀이를 지켜보는 다른 학생들도 생각이 같이 따라가기 때문에 각 단계를 익히는 놀이로 매우 적합하다. 또 중간에 각 단계에 맞는 응답을 제대로 못 하거나 다른 단계의 응답을 했을 때 지켜보는 학생들과의 검증을 통해서 성공 여부를 결정할 수 있다.

나는 나답게 살자!
그림책의 주제로 돌아와 '나는 나답게'란 어떤 삶일까? 생각해보는 시간을 갖는다. 나 다운 삶의 모습을 그려보고, 그 모습을 가지게 되었을 때의 느낌, 평가, 결정을 적어보는 것이다.
슈퍼 거북은 '빠르게 살자'라는 슬로건을 내걸고 열심히 살았지만 행복하지 않았다. 왜일까? 학생들은 거북이가 거북이답지 않았기 때문이라고 한다. 즉 거북이는 원래 빠른 동물이 아닌데 자신에게 맞지 않는 목표를 정했기 때문이다. 그래서 우리도 나답지 않은 목표를 나의 목표라고 착각해서 꾸물이처럼 불행하지는 않았는지 성찰해보고 자신에게 맞는 삶이란 어떤 것인지 생각해본다. 나답게 산다는 것이 어떤 모습인지 활동지에 표현해본다.

ORID 4단계 질문법

나는 나답게 - 나 답게 사는 모습!

1.Objective(인식) 단계 : 이것은 나의 어떤 모습인가요?

여러가지 자격증들 노력해서 얻은 모습이다.

2.Reflective(느낌)단계 : 그 모습의 느낌은 어떤가요?

기분좋다. 자랑스럽다. 뿌듯하다. 행복하다.

3.Interpretive (판단)단계 : 이 모습은 어떤 이야기를 하고 있나요?

나는 내 행복 / 내가 원하는 걸 이루기 위해선 열심히 노력 할 수있고
  ↑   할수있는게 여러가지 있으면 행복할것 같아서
  미래에   노력해야 한다.

4.Decisional (결정)단계 : 이에 대한 나의 결론은 무엇인가요?
나답게 살기 위해서 어떤 결정을 내리실 건가요?

열심히 노력하고 공부해야 된다.

↑ 내 행복을 위해 / 내가 원하는걸 이루기 위해.

독후활동

표지 바꾸기 및 조언하기

『슈퍼 거북』 표지를 '나는 나답게'라는 그림책의 주제에 맞게 그림책 제목과 각오를 바꾸어본다. 거북이의 정체성에 맞는 내용을 고려해서 작성한다. 그림책의 제목과 각오를 적은 이유에 대해서도 적는다. 마지막으로 거북이 꾸물이에게 어떤 조언을 할 것인지를 적는다.

1학년 이쁜이들과 도덕을...   1학년 (   )반 (   )번 성명(   )

그림책 제목	거북이 답게, 나답게!
이유	나 자신의 정체성을 잃지 않는 목요가 있어야 해서.
각오	나답게 살자!
이유	다른 첫신생활을 따라가 보단 나 자신에게 자신 감을 가지고 열심히 살는게 좋아서.

주제어 찾아서 짧은 글쓰기

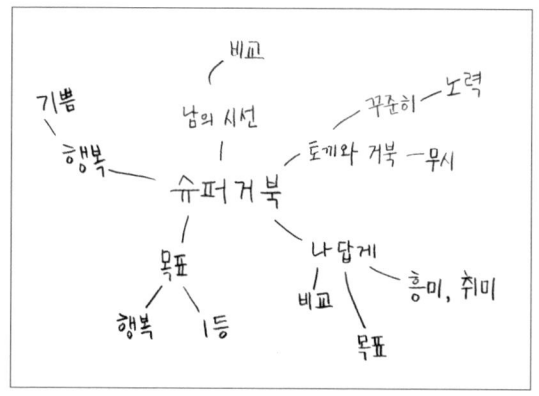

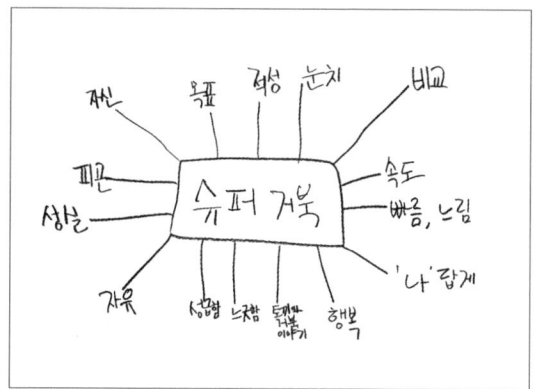

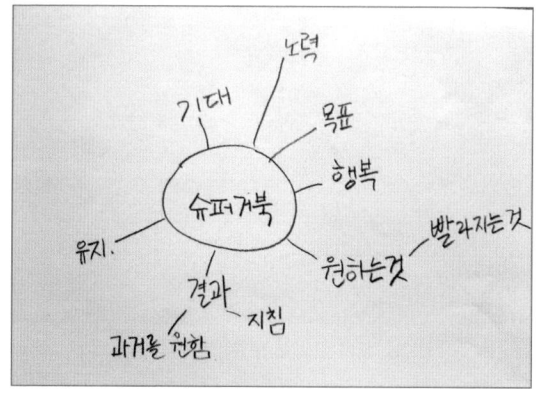

그림책을 읽고 주제어로 개인적으로 마인드맵을 만든다. 모둠에서 각자 쓴 마인드맵 주제어를 나누면서 핵심적인 주제어 3개를 헥사에 적어서 칠판에 붙인다. 붙여진 주제어를 함께 분류해본다. 함께 분류해본 주제어 중 가장 많이 등장한 핵심 주제어 3개를 정한다.

각 모둠에서 3개씩 선별한 주제어

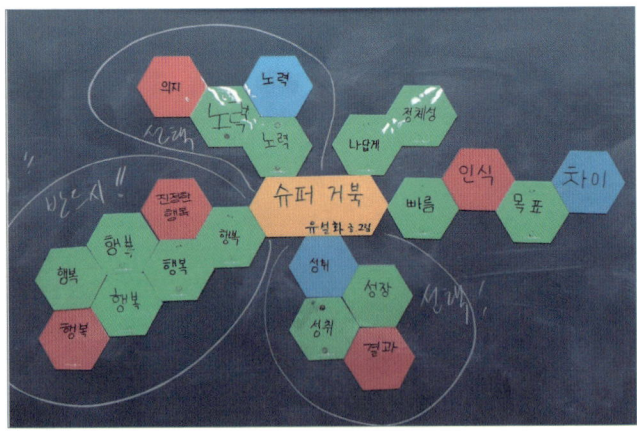

동일한 단어로 분류한 주제어

가장 많이 등장한 주제어 3개를 이용해서 그림책 주제에 맞는 18자 글쓰기를 한다. 주제어 3개는 분류된 주제어 중 모든 모둠에서 제시한 '행복'이라는 단어는 반드시 넣고, 나머지 '성취', '노력', '나답게', '목표' 등에서 2개를 추가해서 글쓰기를 하도록 한다. 띄어쓰기는 생략한다.

내가 선택한 단어 : 목표, 나답게, 성취

행	복	은	목	표	를
나	답	게	세	우	고
성	취	하	는	것	!

내가 선택한 단어 : 행복, 성취, 목표

나	의	목	표	를	성
취	하	게	되	면	행
복	이	찾	아	온	다.

18자로 짧은 글짓기

11장

나의 사고를 점검해보는
ABCDE 질문법

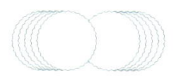

ABCDE 질문법*이란?

정신과 의사였던 앨버트 엘리스(Albert Ellis)는 다양한 철학과 종교를 아우르며 인간이 심리적 고통을 느끼는 원인을 연구했다. 엘리스는 인간의 심리가 인지, 정서, 행동이 복합적으로 영향을 주는 구조로 되어 있음을 강조하며 긍정적인 심리적 변화를 일으키기 위해선 인지, 정서, 행동이 함께 변화해야 한다고 주장했다. 학계에서는 그의 이론을 '합리적 정서행동치료(Rational Emotive Behavior Therapy: REBT)'라고 명명했다. 엘리스는 인간의 심리적 고통을 유발하는 잘못된 사고방식(인지)을 다루기 위해 심리치료 방식으로 ABCDE 모형을 활용했다. ABCDE 모형은 상담심리에서 주로 사용하나, 최근에는 교육계에서 교육 프로그램을 계획할 때도 활용한다. ABCDE 모형을 자세히 살펴보면 다음과 같다.

A - activating event : 개인에게 심리적 고통을 유발하는 선행상황, 사건
B - belief system : 어떤 사건을 바라보는 개인의 잘못된 믿음, 생각, 비합리적 신념
C - consequence : 비합리적 신념(belief system)을 바탕으로 생겨난 개인의 반응, 감정
D - dispute : 개인이 가지고 있는 비합리적 생각(belief system)을 합리적

---

* 홍경자, 「REBT와 인지이론의 실제」, 학지사, 2020, 참고

생각으로 바꾸어줄 반박, 질문

E - effect : 비합리적 생각(belief system)을 반박하여 생겨날 합리적 생각의 긍정적 효과

이번 수업에서는 논박과 질문인 D(dispute)의 과정에 초점을 두고 다양한 질문을 사용하여 수업을 전개해나가는 방법을 모색해보고자 한다. REBT에서 쓰이는 논박과 질문의 종류를 간단히 정리하면 다음과 같다.

논박 질문 종류

비합리적 신념(B)		비합리적 신념에 대한 논박 질문(D)
① 재앙적 사고 ~했으니 끔찍하다, 망했다, 큰일났다. ② 인간 비하적 사고 나는 쓸모없는 인간이다. 그 아이는 정말 나쁜 친구다. ③ 당위적 사고 반드시~ 해야 한다. 절대 ~해서는 안 된다. ④ 낮은 인내심 ~하다니 도저히 참을 수 없다. 이 일은 가만히 있어선 안 된다. ⑤ 흑백논리(이분법적 사고) 저 친구는 ~아니면 ~이다. ⑥ 지나친 일반화 A와 B가 날 싫어하니 우리 반 친구들 모두가 날 싫어할 것이다. ⑦ 나와 관련 짓기 3~4명의 친구들이 나를 보며 웃었으니 틀림없이 내 욕하는 것이다.	질문을 통한 논박 ⇨	① 효과성 계속 그런 생각을 하고 살면 나에게 어떤 결과가 생길까? 그렇게 생각해서 얻는 이점은/ 손해는? 이 생각이 나에게 도움이 될까? ② 현실성 실제로 그런 일이 모든 사람 중에 몇 %에게나 일어날까? 만일 그 생각이 맞다면 일어날 수 있는 최악의/ 최선의/ 현실적인 상황은? 내가 생각한 것만큼 심각할까? 세상에 완벽한 사람이 있을까? ③ 논리성 이 생각이 절대적으로 옳다고 지지하는 논리적 증거는 어디에 있는가? 그렇게 생각하는 근거는 무엇인가? ④ 대안성 다른 사람이라면 그 상황을 어떻게 설명할까? 만일 친구가 그 상황에서 나와 똑같이 반응한다면 나는 그 친구에게 뭐라고 말해줄 것인가?

홍경자, 『REBT와 인지이론의 실제』, 학지사, 2020, 인용 및 참고

그림책에 적용하는 ABCDE 질문법

ABCDE 질문법은 심리상담을 할 때 많이 쓰이는 질문법이다. ABCDE 질문법의 심리적·교육적 효과는 크다. 무슨 일이 일어났는지(A) 알고 그 상황에서 불편한 나의 상태(C)를 바로 직시하는 데서 시작하기 때문이다. 모든 문제는 나의 마음을 바로 아는 데서 시작한다. 인간의 사고는 인간의 마음을 지배하기 때문에 불편한 나의 마음 상태가 어떤 잘못된 사고(B)에서 비롯되었는지 찾아 스스로 논박(D)을 해보는 과정에서 마음 건강을 챙길 수 있다.

이 질문법은 등장인물의 잘못된 사고방식으로 사건이 전개되는 그림책에 도입하면 좋다. ABCDE 질문법의 취지는 잘못된 사고를 올바르고 유연한 사고로 바꾸어나가는 데 있기 때문이다.

논박 질문의 유형으로 크게 '효과성', '논리성', '대안성', '현실성'을 제시했지만, 이 4개를 정확히 구분하여 논박을 할 필요는 없다. 다만, 나의 비합리적 신념으로 인해 마음이 힘들어질 때 스스로 논박하여 자신의 사고방식을 점검할 수만 있다면 그것으로 이 질문법의 가치는 충분하다. 수업 중 논박 질문 단계(D)에서 학생들의 의견이 팽팽하게 갈린다면 바로 토론하여 다른 사람의 생각에 귀 기울여볼 수 있다. 그 과정에서 학생들은 다양한 의견을 듣고 자기 생각을 점검해보는 '메타인지'까지 경험할 수 있을 것이다.

ABCDE 질문법 활용 수업에서 교사는 퍼실리테이터 역할을 담당한다. 학생들이 논박 질문을 만들어 서로의 사고과정을 점검하는 것이 중요하므로 교사는 학생들이 질문 만들기를 어려워할 때 적절히 개입하여 물꼬를 터주어야 한다. 학생들에게 예시 질문을 주고 이를 응용한 논박 질문을 만들어보게 할 수도 있으며, 학생들이 자신의 잘못된 사고방식을 깨닫지 못할 때 교사가 먼저 논박 질문을 하여 학생들 스스로 자신의 사고를 점검해보도록 해줄 수도 있다. 이와 같은 단계를 밟아 나간다면 학생들은 불합리하거나 사실이 왜곡된 상황에서도 자신의 생각을 바로잡을 질문을 혼자서도 해볼 수 있다.

『이파라파냐무냐무』를 소개합니다

평화로운 마시멜롱 마을에 저 멀리 산속에서 "이파라파냐무냐무"라는 외마디 비명이 들려온다. 작고 귀여운 마시멜롱들은 "이파라파냐무냐무"라는 비명을 지르는, 자신보다 큰 검은 털숭숭이를 보며 "우리들을 냠냠 맛있게 먹겠다는 뜻이 아닐까?"라고 오해한다. 오해는 혐오로 이어져 결국 마시멜롱들은 검은 털숭숭이에게 공격을 퍼붓는다. 털숭숭이는 굴하지 않고 "이파라파냐무냐무"를 계속 외치고 더욱 겁에 질린 마시멜롱들은 털숭숭이에게 불공격까지 가한다. 그때 한 마시멜롱이 "저 털숭숭이가 정말 우리를 잡아먹으려는 걸까요?"라고 물으며 용기를 내어 털숭숭이를 찾아간다. 털숭숭이를 찾아간 마시멜롱은 "이파라파냐무냐무"는 이빨이 아파 제대로 발음을 하지 못한 "이빨 아파 너무너무"임을 알게 되고 그렇게 마시멜롱들과 검은 털숭숭이 사이의 오해가 풀리게 된다.

『이파라파냐무냐무』는 우리가 가진 잘못된 생각과 편견에 대해 생각해 보게 한다. 우리 마음속의 털숭숭이는 누구일까? 누구나 살면서 한 번쯤 자신의 부정적인 사고나 편견에 괴로워해본 경험이 있을 것이다. 그래서 학생들과 함께 평소 내가 가진 '편견' 또는 '비합리적인 신념'에 대해 생각

이지은 글·그림 | 사계절

해보는 시간을 가지고 싶었다. ABCDE 질문법을 통해 학생들은 학급 친구들과 함께 자신이 가진 비합리적인 생각을 나눠보고 긍정적으로 삶을 살아가는 자세를 익히는 시간이 될 수 있을 것이다.

수업을 시작합니다

1라운드 - 정답을 맞혀봐

본격적인 수업에 앞서 '합리적', '비합리적'이라는 말의 뜻을 명확히 하는 것이 좋다. 학생들이 생각하는 의미를 확인한 뒤 '합리적 신념'은 무엇이고 '비합리적 신념'은 무엇인지 각자 생각하는 바를 자유롭게 발표하도록 한다. 학생들의 발표를 다 들은 뒤 '합리적 신념'은 사리에 맞고 이성적인 생각임을, '비합리적 신념'은 그렇지 못한 생각임을 교사가 정리해준다. 그 후 놀이를 시작하는 것이 수월하다.

1라운드 놀이는 모둠별 대항으로 진행하며 교사가 제시하는 문장이 합리적 신념인지 비합리적 신념인지 맞혀보는 놀이이다. 이 놀이를 통해 학생들은 합리적·비합리적 신념을 구분하는 데 익숙해질 수 있다.

1라운드 제시문 예시

① 나는 원래 친구를 잘 못 사귀는 사람이야. (정답 : 비합리적 신념)
② 아무도 내게 "밥 먹었니?"라고 물어본 적이 없어. (정답 : 비합리적 신념)
③ 나는 핸드폰을 바꾸고 싶어. (정답 : 합리적 신념)
④ 만약 내가 그 친구 생일파티에 초대받지 못한다면, 나는 정말 왕따야. (정답 : 비합리적 신념)
⑤ A가 정말 내 진짜 친구라면, A는 항상 나랑만 놀아야 해. (정답 : 비합리적 신념)
⑥ 우리 부모님은 항상 나에게 잔소리만 해. (정답 : 비합리적 신념)

세 번째 제시문인 '나는 핸드폰을 바꾸고 싶어'는 학생들의 답이 나뉘었다. 이 제시문을 '합리적 신념'이라고 맞힌 모둠에게 그 이유를 물으니 학생들은 "'나는 핸드폰을 바꾸고 싶으니 우리 엄마는 내 핸드폰을 바꿔줘야 해!'라고 생각하면 비합리적 신념이지만, 단순히 자신의 희망 사항이나 소원을 말하는 건 합리적 신념이에요."라고 답했다. 이와 같이 총 6가지 제시문으로 '합리적 신념'과 '비합리적 신념'을 구분하는 놀이를 해볼 수 있다.

2라운드 - 질문을 던져봐
1라운드에서 '비합리적 신념'을 찾고 그 이유를 밝히는 것까지 학생들이 익숙해지면 이번엔 질문의 형태로 답을 하도록 놀이를 변형한다. 교사가 먼저 비합리적 신념이 적힌 제시문을 공개하고 학생들이 이에 반박하는 질문을 만들어보도록 한다. 논박 질문을 만들 때 아래 표를 참고한다.

비합리적 신념에 대한 논박 질문
① 효과성 계속 그런 생각을 하고 살면 나에게 어떤 결과가 생길까? 그렇게 생각해서 얻는 이점은?/ 손해는? 이 생각이 나에게 도움이 될까?
② 현실성 실제로 그런 일이 모든 사람 중에 몇 %에게나 일어날까? 만일 그 생각이 맞다면 일어날 수 있는 최악의/ 최선의/ 현실적인 상황은? 내가 생각한 것만큼 심각할까? 세상에 완벽한 사람이 있을까?
③ 논리성 이 생각이 절대적으로 옳다고 지지하는 논리적 증거는 어디에 있는가? 그렇게 생각하는 근거는 무엇인가?
④ 대안성 다른 사람이라면 그 상황을 어떻게 설명할까? 만일 친구가 그 상황에서 나와 똑같이 반응한다면 나는 친구에게 뭐라고 말해줄 것인가?

2라운드 제시문 예시

① A랑 졸업여행 버스 짝이 된다면 차라리 졸업여행을 안 가는 것이 나을 거 같아.

② 나는 정말 피구를 못 해. 내가 피구를 하면 친구들이 나를 놀리고 비웃을 거야.

③ 엄마가 골라준 옷을 입고 학교에 가기 싫어. 모든 친구가 알고 놀릴 거야.

학생들은 다음과 같이 논박 질문을 제시했다.

- 1모둠 : 싫은 친구랑 앉기 싫어서 졸업여행을 가기 싫다고 계속 생각한다면 너에겐 어떤 이익이 있겠니?(효과성 논박)
- 2모둠 : 단지 버스 짝꿍이 싫어서 졸업 여행을 안 간다면 너만 손해 아닐까?(효과성 논박)
- 3모둠 : 졸업여행을 가지 않겠다는 극단적인 선택이 과연 최선의 선택일까?(현실성 논박)
- 4모둠 : 만약에 버스 타는 시간이 1시간이고 졸업여행이 2박 3일이라면 그 버스 타는 1시간 때문에 즐거운 2박 3일을 버릴 거니?(효과성 논박)
- 5모둠 : 만약 네가 그런 생각을 한다는 걸 짝이 알면 짝의 기분이 어떻겠니?
- 6모둠 : 네가 자기를 싫어하는 걸 알면 짝이 속상하지 않을까?

4개의 모둠은 비합리적 신념에 대한 논박 질문을 잘 만들어주었지만, 5모둠과 6모둠은 논박 질문이 아닌 상대의 마음에 공감을 요구하는 질문을 만들었다. ABCDE 질문법은 치료 목적으로 병원이나 상담센터를 찾아온 마음이 아픈 이들의 생각 구조를 바꿔주는 질문법이다. 자신의 사고방식이 비합리적이며, 이것은 절대 나 자신에게 도움이 되지 않고 더 힘들게 만드는 사고방식임을 깨닫게 하는 데 목적이 있다. 그러므로 이 질문법을 활용할 때는 공감을 요구하기보다는 자신의 '생각'에만 집중하여 이것이 합리적인지, 합리적이지 않은지 점검하도록 돕는 질문으로 만드는 것이 좋다.

ABCDE 질문 대화

　논박 질문에 학생들이 익숙해지자 『이파라파냐무냐무』 책 한 권을 꺼냈다. 왜 읽어주는지 이유는 밝히지 않고 그저 "선생님이 들려주는 책 이야기를 잘 들어보세요"라고 하자 교실이 조용해졌다. 교사가 책을 읽어주기 시작하고 얼마쯤 뒤 교실 여기저기서 "아, 선생님이 왜 읽어주시는지 알겠다!", "비합리적 신념 찾으라고 하겠네!", "어, 저거 비합리적 신념이야!"라고 학생들이 외치기 시작했다.

　책을 읽어준 후 소감을 묻자, 학생들은 '상대를 함부로 오해하면 안 된다'는 교훈을 얻었다고 답했다. 한 학생은 단지 키와 덩치가 큰 자신의 외모 때문에 1학년 동생에게 "나쁜 형이다!"라는 말을 들은 경험을 이야기하며 상대의 근거 없는 비합리적 신념이 자신에게 얼마나 비수가 되었는지 이야기해주었다. 비합리적 신념에서 비롯되는 오해와 편견으로 『이파라파냐무냐무』를 되짚어 보니 학생들 모두 마시멜롱들의 '비합리적 신념'은 쉽게 찾았지만, 검은 털숭숭이의 '비합리적 신념'은 쉽게 찾지 못했다. 학생들과 털숭숭이의 '비합리적 신념'을 찾기 위해 털숭숭이가 잘못 행동한 부분부터 짚어보기로 했다. 학생들에게 털숭숭이가 잘못 행동한 부분은 없는지 물어보니 털숭숭이가 크게 소리친 부분을 꼽았다. 학생들은 털숭숭이가 소리친 이유는 이빨이 아파서인데, 여기서 털숭숭이가 잘못 생각한 점은 '이빨이 아프면 크게 소리쳐서 알려야 한다'는 생각이며 이것이 털숭숭이의 '비합리적 신념'이라고 곧잘 찾아주었다.

　이렇게 차근히 책을 다시 읽으며 마시멜롱과 검은 털숭숭이 사이에서 오해를 일으킨 장면을 다 모아보니 총 4장면이 나왔다. 학생들이 찾은 4개의 장면에 본격적으로 ABCDE 질문을 도입해보았다. 장면별로 효과성, 현실성, 논리성, 대안성 중 하나의 유형을 선택하여 논박 질문을 만들어보게 했다. 다음 예시 상황에서는 학생들이 각 유형을 충분히 이해할 수 있도록 교사가 먼저 논박 질문 유형을 선택하여 제시했고, 그에 맞게 학생들이 스스로 질문을 만들어보도록 유도했다. 그러나 학급의 전반적인 수준에 따라서 논박 질문 유형부터 학생들 스스로 선택해서 만들도록 자유롭게 열어두어도 좋다.

장면 ① "쟤 누구야? 저 털숭숭이 무서워"

- 1단계 A(activating event) 선행사건

교사   (그림책 장면을 보여주며) 무슨 일이 있었죠?

학생   멀리서 "이파라파냐무냐무"를 외치는 털숭숭이를 보며 마시멜롱들이 '저 털숭숭이 정말 무섭다'라고 생각하고 있어요.

- 2단계 B(belief system) 비합리적 신념

교사   마시멜롱들은 왜 털숭숭이를 무서워할까요?

학생1   털이 많기 때문이에요.

교사   그럼, 마시멜롱들은 털이 많은 짐승을 어떻게 생각하는 걸까요?

학생2   무서운 존재라고 생각해요.

교사   여기서 마시멜롱들이 잘못 생각하고 있는 것은 무엇일까요?

학생3   '털이 많은 짐승은 위험하다'라고 잘못 생각하고 있어요.

교사   이 부분에서 마시멜롱들의 비합리적 신념은 무엇일까요?

학생4   '털이 많은 짐승은 위험하다'입니다.

- 3단계 C(consequence) 결과

교사   잘못된 비합리적 생각을 하고 난 뒤 마시멜롱들은 어떻게 되었죠?

학생1   털숭숭이가 하는 말을 오해하게 되었고 결국 털숭숭이를 공격

	을 하게 되었어요.
학생 2	마시멜롱들이 너무나 겁을 먹게 되었어요.
학생 3	털숭숭이와 친해질 수 없게 되었어요.

• 4단계 D(dispute) 논박

교사	'털이 많은 짐승은 위험하다' 하다는 생각은 왜 잘못된 생각일까요?
학생 1	예외도 있으니까요.
교사	어떤 예외가 있을까요?
학생 2	털이 많아도 전혀 위험하지 않을 수 있어요.
학생 3	사실 너무 추워서 털옷은 입은 짐승일 수도 있어요. 원래는 털이 하나도 없는 연약한 짐승일 수도 있어요.
교사	그럼 여러분은 잘못 생각하고 있는 마시멜롱들에게 어떤 말을 해줄 수 있을까요? 질문 놀이 했던 것을 생각해보며 '현실성'을 고려한 논박 질문으로 발표해봅시다.
학생 1	"왜 털이 많은 짐승은 위험하다고 생각해?"라고 물어보면서 마시멜롱들의 생각을 들어줄래요.
학생 2	"털이 많은 짐승은 위험한 짐승만 있을까? 아닐 수도 있잖아." 라고 말해줄 것 같아요.
교사	그래요. 마시멜롱들에게 그렇게 물어본다면 마시멜롱들이 자기들이 잘못 생각한 건 아닌지 자신들의 생각을 한번 돌이켜보게 되겠네요.

• 5단계 E(effect) 효과

교사	이제부터 여러분은 마시멜롱이 되어 선생님의 질문을 생각해 볼게요. 처음 여러분이 검은 털숭숭이를 오해했을 때 여러분 마

　　　　　음속에 두렵거나 불편했던 마음의 정도를 숫자 1~5까지로 표현하면 몇 점일까요?

학생1　4점이요.

학생2　5점 정도요.

교사　그럼 "왜 털이 많은 짐승은 위험하다고 생각해?", "털이 많은 짐승은 위험한 짐승만 있을까? 아닐 수도 있잖아."와 같은 질문을 받은 후의 마음은 어떻게 변했나요?

학생1　처음보다 검은 털숭숭이가 두려운 마음이 조금 낮아졌어요.

교사　변화된 마음을 1~5점 사이 점수로 표현하면 몇 점일까요?

학생1　2점 정도요.

학생2　저는 3점이요.

A (선행사건, 상황)	B (비합리적 신념)	C (결과, 행동)	D (논박)	E (효과)
쟤 누구야? 저 털숭숭이 무서워	털이 많은 짐승은 위험하다.	털숭숭이가 하는 말을 오해하게 됨	털이 많은 짐승은 모두 위험한가? 예외는 없었는가? (현실성)	(전) (후)

　학생들이 말한 내용을 토대로 칠판에 위와 같은 표를 그려 정리해보았다. 학생들과의 대화 내용을 표의 왼쪽부터 차근히 채워나갔다. 이 활동을 반복하면 학생들이 스스로 표를 채워 ABCDE 질문법에 능숙해질 수 있다.

장면 ② "냐무냐무"를 "냠냠"으로 오해해서 털숭숭이가 두려워진 마시멜롱들

두 번째 장면에서 비합리적 신념을 찾아 논박 질문을 만들어보는 방식도 첫 번째 장면과 같다. 두 번째 장면에서 어떤 사건(A)이 있었는지 묻자, 학생들은 "마시멜롱들이 털숭숭이가 '냐무냐무'라고 말한 것을 '냠냠'으로 받아들여 이를 자신들을 잡아먹겠다는 뜻으로 잘못 생각(B)했어요"라고 답했다. 또한 "이런 비합리적 신념 때문에 마시멜롱들은 털숭숭이를 공격하려는 나쁜 마음이 생겨났어요(C)"라고 답했다. 이 장면에서는 '논리성'을 고려한 논박 질문(D)을 만들어보도록 제시했다.

학생 1   "정말 냠냠이라는 말을 했을까? 우리가 잘못 들은 것은 아닐까?"
학생 2   "냐무냐무는 정말 냠냠이란 뜻일까?"

학생들은 위와 같은 논박 질문을 만들었고, 논박 질문 후 마시멜롱들이 느꼈을 마음의 변화(E)를 숫자로 표현해보도록 하자, 처음엔 5만큼 불편하고 화가 났지만 논박 질문 후 마음이 3점 정도로 어느 정도 누그러졌다고 답했다.

A (선행사건, 상황)	B (비합리적 신념)	C (결과, 행동)	D (논박)	E (효과)
냐무냐무를 냠냠으로 오해해서 두려움	냐무냐무는 냠냠이란 뜻이고 그 말은 우리를 잡아먹겠다는 말이다.	털숭숭이를 공격해야 한다고 느끼며 털숭숭이에 대한 적대심이 높아짐	냐무냐무는 정말 냠냠이란 뜻일까? (논리성)	(전) (후)

장면 ③ "뾰족한 발톱, 시커먼 털, 천둥같은 목소리, 덩치도 무시무시해! 가만있으면 잡혀 먹힐지도 몰라"

세 번째 장면도 장면 ①, ②와 같이 ABCDE 질문법에 맞게 비합리적 신념을 찾아 논박하는 과정을 거쳤다. 이 장면에서는 학생들이 '대안성'을 고려하여 논박 질문을 만들었다.

A (선행사건, 상황)	B (비합리적 신념)	C (결과, 행동)	D (논박)	E (효과)
뾰족한 발톱 시커먼 털 천둥같은 목소리 덩치도 무시무시해 가만있으면 잡아먹힐 수 있다는 분노, 두려움	뾰족한 발톱 시커먼 털 천둥같은 목소리, 무시무시한 덩치는 우리에게 해가 되는 짐승이다.	털숭숭이를 물리쳐야 한다는 적대심이 높아짐	다른 사람들도 큰 목소리와 덩치만 보고 나처럼 그 짐승을 위험하다고만 생각할까? (대안성)	(전) (후)

장면 ④ 이빨이 정말 정말 아파서 몸도 마음도 괴로운 검은 털숭숭이

네 번째 장면은 마시멜롱들의 입장에서 비합리적 신념을 찾아본 ①~③ 장면과 달리 검은 털숭숭이의 입장에서 비합리적 신념을 찾아보았다. 비합리적 신념을 찾아 질문으로 반박하여 합리적 신념을 찾아주는 수업의 과정은 앞의 장면 ①~③과 같았다.

A (선행사건, 상황)	B (비합리적 신념)	C (결과, 행동)	D (논박)	E (효과)
이빨이 너무너무 아파서 몸도 마음도 괴로움	아플 때는 크게 소리쳐서 외친다.	마시멜롱들에게 오해를 받음	계속 이렇게 소리를 크게 외치면 나에게 득이 될까? (효과성)	(전) (후)

그림책의 총 4가지 장면으로 학생들과 함께 상황에 따른 '비합리적 신념'을 찾아 논박하는 과정을 거쳐보았다. 논박 질문의 유형으로 크게 '효과성', '논리성', '대안성', '현실성'을 제시했지만, 앞서 밝혔듯이 4가지를 정확히 구분하여 논박을 할 필요는 없다.

ABCDE 질문법을 적용한 독후활동

모든 독서는 책을 읽고 난 뒤 나의 삶과 책의 내용을 긴밀히 연결해 볼 때 그 효과가 배가 된다. 『이파라파냐무냐무』를 읽고 오해와 편견, 그리고 그것들을 유발하는 한 개인의 '비합리적인 신념'에 대해 생각을 해보았다면 이번엔 학생들과 함께 내 삶을 불편하게 하는 자기 자신의 '비합리적 신념'을 돌아볼 차례이다.

Q. 여러분은 합리적인 생각을 많이 하는 편인가요, 비합리적인 생각을 많이 하는 편인가요?

Q. 여러분이 평소에 많이 하는 비합리적인 생각은 어떤 것인가요?

학생들에게 곧바로 자신의 '비합리적 신념'을 말해보라 하면 쑥스러워 발표를 잘하지 않을 수 있다. 그래서 모둠을 나누어 평소 많이 느낀 다른 사람들의 '비합리적 신념'을 찾아보게 하면 좋다. 다른 사람의 생각에 묻어 자신의 '비합리적 신념'을 편안하게 말할 수 있게 하는 것이다. 물론 자신의 '비합리적 신념'도 쓸 수 있다고 범위를 열어둔다. 통상적인 고정관념을 쓰는 학생도 있어서(예 : 연예인들은 적어도 한 번씩은 성형수술을 했을 거야) 만약 그 생각이 자신을 괴롭게 한다면 비합리적인 신념이 맞지만, 그렇지 않다면 그건 편견이나 오해일 뿐 나를 괴롭히는 비합리적 신념이 아님을 알려준다. 모둠별로 '비합리적 신념'을 모은 뒤, 투표를 하여 최다득표한 문장 여덟 개를 뽑는다. 최다득표로 뽑힌 문장은 다음과 같았다.

- 오늘 하루는 망했어.
- 나는 키가 작아서 평생 농구나 배구를 하지 못할 거야.
- 나는 뚱뚱해서 달리기가 느려.
- 이번 시험은 망했어.
- 시험을 망쳤으니 내 인생도 망했어.
- 동생보다 더 잘해야 돼.
- 처음에 잘했어야 했는데 이미 망했어.
- 문신한 사람들은 다 위험해.

학생들과 함께 여덟 개의 '비합리적 신념'에 대한 논박 질문을 모둠별로 만들어보았다. 자신들과 관련된 '비합리적 신념'이다 보니 적극적으로 논박 질문을 만들었다. 학생들은 각각의 '비합리적 신념'에 다음과 같이 논박 질문을 만들었다.

학생들이 만든 논박 질문

비합리적 신념	학생들이 만든 논박 질문
오늘 하루는 망했어.	오늘 하루가 망했다는 생각이 너에게 도움이 될까?
나는 키가 작아서 평생 농구나 배구를 하지 못할 거야.	세상에 모든 농구나 배구 선수들이 다 키가 클까?
나는 뚱뚱해서 달리기가 느려.	뚱뚱해서 달리기가 느리다는 생각의 근거는 뭐니?
이번 시험은 망했어.	이 생각을 하고 살면 너에게 도움이 될까?
시험을 망쳤으니 내 인생도 망했어.	만일 친구가 이 상황에서 너와 똑같이 말한다면 너는 그 친구에게 뭐라고 해줄 거니?
동생보다 더 잘해야 돼.	이 생각이 절대적으로 옳다고 생각하는 논리적 근거가 있니?
처음에 잘했어야 했는데 이미 망했어.	만일 다른 친구가 너에게 이렇게 말한다면 넌 뭐라고 해줄 거니?
문신한 사람들은 다 위험해.	문신한 사람 중 위험한 사람은 몇 %나 될까?

11장 나의 사고를 점검해보는 ABCDE 질문법

이 독후활동 후 머릿속에 '비합리적 신념'이 떠오를 때마다 친구들과 함께 만든 논박 질문을 보며 마음을 바로잡을 수 있도록 활동 결과물을 교실 곳곳에 붙여놓았다.

12장

마음의 문을 두드리는
동일시·카타르시스·통찰 질문법

동일시·카타르시스·통찰 질문법이란?

　동일시 · 카타르시스 · 통찰 질문법*은 내담자와 상담자 사이에 책을 개입시켜 상담자, 내담자, 책의 상호작용 과정에서 일어나는 일련의 심리적 역동과정에 근거한 질문법이다. 동일시, 카타르시스, 통찰 개념은 인간의 행동이 5세 이전의 경험, 성적 충동, 무의식에 의해 결정된다고 보는 프로이트의 정신분석 이론에 기초한 것이다. 본 수업에서는 그림책을 활용하여 한 인간의 과거에 뿌리를 둔 내적 갈등을 동일시, 카타르시스, 통찰에 이르는 질문을 통해 분석해보고자 한다. 단계마다 텍스트 수준과 내담자(학생) 수준의 질문으로 구분한다.

　동일시는 어떤 대상의 특성을 자신과 동일한 것으로 받아들이는 것이다. 그림책을 활용할 경우 등장인물의 감정선을 따라가며 성격, 행동, 태도를 자기 내면으로 받아들이고 비슷한 상황을 만들어 자신의 내적 갈등을 여러 가지 방법을 동원해 무의식적으로 밖으로 표현하게 된다. 동일시의 1단계는 특정 인물에게 주목하여 그림책의 텍스트 수준에서 질문한다. 2단계는 학생 수준에서 자신이 왜 이 인물을 좋아하는지 또는 싫어하는지를 돌아보게 되는데, 이때 자기도 모르게 작품 속 인물에게 감정이 전이되는 것을 스스로 의식하게 되는 내적 경험을 하게 된다.

---

* 　조난영, 『그림책으로 여는 세상』, 렛츠북, 2020, 인용 및 참고

[동일시 질문 유형]

1단계 : 텍스트 수준

- ~의 성격은 어떠한가?
- ~의 감정은 무엇인가?
- ~의 행동, 습관, 말은 무엇인가?

2단계 : 내담자(학생) 수준

- 어떤 장면이(또는 누가) 가장 마음에 와닿았는가?
- ~와 같은 사람 만나본 적이 있는가?
- ~처럼 해보았던 경험이 있는가?

카타르시스는 내담자의 내면에 쌓인 욕구불만이나 심리적 갈등과 관련된 감정을 발산하는 방법이다. 독서 치료에서 카타르시스는 책에 등장하는 인물이 처한 사건, 운명을 통해 마음속에 억압된 감정의 응어리나 상처를 말이나 그림, 행동으로 드러내는 것으로 나타난다. 카타르시스의 3단계는 텍스트에서 등장인물의 희로애락을 통해 느껴지는 감정을 표현한다. 4단계는 학생 수준에서 이야기를 거울로 삼아 가정법을 이용하여 그 상황으로 들어가 자신의 감정을 표현하는 것이다.

[카타르시스 질문 유형]

3단계 : 텍스트 수준

- ~가 ~라고 말했을 때 ~는 어떻게 느꼈을까?
- ~가 ~한 행동을 했을 때 ~는 기분이 어떠했을까?

4단계 : 내담자(학생) 수준

- 당신이 만약 ~와 같은 상황이라면 어떻게 느꼈을까?

- 만약 ~와 같은 사람이 당신 곁에 있다면 기분이 어떨까?

통찰은 자기 자신에 대한 이해와 문제에 대한 객관적 인식을 갖는 데 의미를 두는 것으로 '아하!'로 표현되는 개인의 주관적 경험이다. 반복과 시행착오를 거쳐 얻는 지식과 달리 통찰은 일회적 경험이다. 자신의 사고, 정서, 성격 등 이전까지 자기 삶의 태도를 비교하여 차이를 발견할 때 일순간 무릎을 치는 깨달음이 일어나는 상황이다. 정신분석에서 통찰은 마음의 역동적 요소로써 문제의 갈등 해결에 기여하는 깨달음을 주는 것으로 이해한다. 즉 등장인물과 자신의 문제 해결 방식을 비교하며 상황에 대한 대처법을 익히고 창조적 해결방안을 모색하게 되는 것이다. 통찰에 이르는 5단계 질문은 텍스트 수준에서 다른 시각으로의 전환을 통해 문제를 객관화하는 것이다. 마지막 6단계는 학생 수준에서 자신의 문제 상황을 대입함으로써 스스로 해결방법을 찾게 한다.

[통찰 질문 유형]

5단계 : 텍스트 수준
- ~가 사용했던 방법은 효과적이었다.(또는 효과적이지 못했다) 그 이유는 무엇이라고 생각하는가?
- ~가 ~한 감정을 느꼈던 이유는 무엇 때문일까?

6단계 : 내담자(학생) 수준
- 당신이 만약 ~와 같은 상황에 놓여 있다면 당신은 어떻게 했을 것 같은가?
- 만약 당신이라면 ~처럼 느껴지는 상황/사람에 대해 어떻게 생각했을까요? 또는 어떻게 행동하고 말했을까?

그림책에 적용하는 동일시·카타르시스·통찰 질문법

동일시, 카타르시스, 통찰 질문법은 그림책을 통해 자신의 마음을 들여다보는 것이다. 따라서 그림책과 함께 자신의 마음을 가만히 들여다볼 수 있도록 충분히 시간을 주어야 한다. 책을 천천히 2번 읽도록 시간을 준다. 먼저 글 텍스트를 중심으로 읽고 그림을 중심으로 다시 천천히 읽는다. 읽은 후 그림책에서 자신의 마음에 와닿은 장면을 그려보게 한다. 또한 동일시, 카타르시스, 통찰에 이르려면 무엇보다 자신의 내적인 정서를 자유롭게 표현할 수 있어야 한다. 자기방어를 가장 적게 하면서 자신의 감정을 자유롭게 표현하는 활동은 그림이다. 따라서 그림책의 그림을 자세히 관찰하고 자기 마음에 떠오르는 감정, 단어, 느낌에 대한 언어를 최대한 많이 찾아보게 한다. 그리고 그 심상 이미지에 대해 질문하는 훈련을 되풀이한다.

학생들의 감정을 잘 따라가야 한다. 학생들은 내면의 불안, 두려움, 슬픔을 그림책에서의 사건이나 등장인물에 자신도 모르게 투사한다. 문장으로 잘 표현하지 못하더라도 학생들은 표정, 몸짓, 등 비언어적 표현으로 자신의 마음을 표현한다. 모둠 활동 때도 서로 세심하게 관찰하고 경청하며 공감해주도록 안내한다.

동일시, 카타르시스, 통찰을 활용한 질문 수업은 단계별로 제시되어 있지만, 마음의 역동이 순차적으로 일어나지는 않는다. 즉 감정이입과 동시에 아하! 라고 반응하며 직관적으로 통찰이 일어날 수도 있고, 그림책의 글 텍스트나 그림 텍스트를 통해 곧바로 카타르시스 작용이 일어날 수도 있다. 그런 경우 단계에 얽매어 진행하지 않아도 된다. 학생들이 어느 장면에서 동일시, 카타르시스, 통찰이 일어나든 교사는 심리적 역동을 유연하게 받아들일 수 있어야 한다.

『마음샘』을 소개합니다

  누구나 성장 과정에서 자아에 대한 질문과 탐구를 하게 된다. '나는 누구인가?'라는 정체성 혼란과 함께 '내 마음은 어떠한가?'라는 내면을 탐구하는 질문도 하게 된다. 자아와 마음에 대한 탐구는 깊이 오래도록 자신을 관찰하고 자세히 들여다보아야 가능하기 때문이다. 『마음샘』은 자기 내면의 성찰 과정을 독자들이 쉽게 이해하도록 동물로 보여준다. 늑대의 심리 변화를 드러내려고 화려한 색채와 역동적인 화면 구성으로 표현했다.
  늑대가 물을 마시러 샘에 갔을 때 샘물에 비친 토끼를 보고 깜짝 놀란다. 늑대는 자신의 약한 모습을 들키기 싫어 토끼에게 으르렁대고 쫓아내려 한다. 그러나 토끼는 꼼짝하지 않고 늑대를 가만히 지켜본다.

조수경 글·그림 | 한솔수북

그제야 늑대는 샘에 비친 토끼가 바로 인정하고 싶지 않았던 자신의 모습이라는 것을 알아챈다. 늑대는 자신의 내면을 만나 혼란스러웠지만 결국 또 다른 자신, 토끼를 받아들이고 함께 춤을 춘다.

누구든지 자신이 원하는 모습과는 다른 모습이 있다. 강한 면도 있고 약한 면도 있다. 부드러운 면도 있고 날카로운 면도 있다. 인정하기 싫지만 인정하고 수용해야 한다. 그래야만 진정으로 자신을 좋아하고 존중하게 된다.

『마음샘』을 선정한 이유는, 청소년기가 바로 자기 정체성에 대한 혼란을 겪는 시기이기 때문이다. 학생들은 자기의 마음을 마주하는 것도 두려워하며 자신의 모습을 감추려고만 한다. 『마음샘』은 이러한 혼란을 겪고 있는 학생들이 자신을 바로 보고 조금 더 단단해진 내면을 형성하는 데 도움이 된다. 동일시, 카타르시스, 통찰에 기초한 질문 수업은 혼란스럽고 불안한 자신의 마음을 깊이 들여다볼 수 있는 내면의 등불을 켜는 계기가 될 것이다.

수업을 시작합니다

거울 놀이

내 마음의 거울을 통해 떠오르는 친구의 이미지를 질문하고 그리면서 마음의 문을 여는 놀이이다.

〈놀이 방법〉

① 학급에서 친한 친구끼리 2명씩 짝을 짓는다.

② 가위바위보로 거울이 되어 줄 친구와 그림을 그릴 친구를 정한다. 이기는 사람이 먼저 거울이 되고 진 사람은 그림을 그린다.
③ 서로 눈에 초점을 두고 얼굴을 15초 이상 바라본다.
④ 가위바위보에서 진 학생은 단짝 친구의 얼굴을 보고 떠오르는 대로 그 친구의 이미지를 그린다. 반드시 사람의 얼굴을 그려야 하는 것은 아니다. 연상되는 사물이나 동물, 캐릭터여도 괜찮다. 평소 친구의 모습과 행동을 생각하며 마음에 떠오르는 이미지를 그림으로 표현한다.
⑤ 그림을 그린 학생은 거울이 되어준 친구에게 이미지에 대해 질문한다. 거울이 되어 준 친구는 그림에 대해 자신의 느끼는 바를 솔직하게 표현한다.
⑥ 역할을 바꾸어 상대방 친구도 역시 같은 방법으로 친구의 얼굴을 가만히 바라보고 그림으로 표현하고 질문한다.

A 학생이 B 학생을 보며 그린 이미지

질문(A)	답변(B)
그림에서 무엇이 보이나요?	반은 사람 얼굴, 반은 강아지입니다. 특히 강아지의 눈과 사람의 눈이 강조되어 보입니다. 입술을 꼭 다문 모습에서 뭔가 결심한 듯 강한 의지가 엿보이기도 합니다.
그림에서 보이는 강점은 무엇인가요?	사람과 강아지, 두 모습이 함께 보이는 건 어떤 문제에 부딪혔을 때 쉽게 포기하지 않고 상황에 따라 대처할 수 있는 성격이 강점이라고 생각됩니다.
어떤 감정이 느껴지나요?	사람과 강아지의 모습이 함께 있어서 조금 혼란스러운 느낌입니다. 그런데 자세히 보고 있으면 약간 슬픈 감정도 느껴집니다. 눈이 크고 눈빛도 강해 보이는데 어떤 일이 있어도 흔들리지 않을 것 같습니다.
내가 왜 이렇게 그린 것 같나요?	A는 어떤 일에도 주저하지 않는 내 모습과 강아지처럼 귀염성이 있는 모습을 동시에 떠올리고 이미지로 표현한 것 같습니다.
그림을 그린 A 학생의 의도	
친구 B를 15초 동안 바라보며 내 마음에 떠오른 첫 이미지가 나도 조금 의아했습니다. 여러 모습이 보였기 때문입니다. 그중에 내가 본 B의 이미지는 강함과 약함이 함께 있다는 것이 강하게 느껴졌습니다. 그렇지만 두 가지 모습 모두 내가 좋아하는 친구의 모습입니다. 양면적이면서도 초롱초롱한 눈을 강조하여 그리게 되었습니다. 친구에 대한 이미지를 그리면서 나의 마음도 다시 한번 더 돌아보게 되었습니다.	

동일시 질문(1단계, 2단계)

동일시는 늑대의 행동, 감정이 마치 자신의 체험인 것처럼 느끼고 받아들여지는 과정이다. 자기도 모르게 반응하는 것으로 그림책 속 늑대의 모습이 무의식적으로 자신의 모습으로 받아들여지는 상황이다. 학생들이 가장 자신과 비슷한 장면으로 꼽은 것은 늑대가 목이 말라 샘을 찾아가고, 그 샘에 비친 자신의 모습이 토끼였음을 알고 놀라워하는 장면이다.

학생 1 : 늑대가 샘에 비친 토끼를 보고 놀라는 장면이 인상적임
느낀 점 : 목이 말라서 물을 마시려고 샘에 간 늑대는 물에 비친 모습을 보고 너무 낯설었을 것이다.

학생 2 : 겁이 많고 어수룩한 토끼의 모습으로 비치는 장면이 마음에 와닿음
느낀 점 : 아니, 왜 토끼가 여기 있지? 나는 늑대인데…. 내가 토끼라니? 자신도 몰랐던 마음을 들킨 것 같아 놀랐을 것이다.

인상적인 장면에 대한 대화 중 도출된 질문은 다음과 같다.

1단계 : 등장인물

- 늑대는 왜 샘을 찾아갔을까?
- 늑대가 샘에 비친 토끼의 모습을 보았을 때 어떤 생각을 했을까?
- 늑대가 자신의 모습을 들키지 않으려고 숨을 때 어떤 마음이었을까?

2단계 : 나의 경험

- 내가 목이 마른 순간은 언제인가?
- 늑대처럼 거울에 비친 내 모습이 낯설었던 경험이 있는가?
- 내 마음에 오랜 시간 머문 사람이 있다면 어떤 모습일까?
- 다른 사람에게 들키고 싶지 않은 숨기고 싶은 모습이 있는가?
- 타인에게 나의 약한 모습이 알려질까 봐 두려웠던 경험이 있는가?

교사	그림책 중 어느 장면이 가장 인상 깊은가요?
학생	늑대가 목이 말라 샘에 간 장면이요.
교사	아, 그렇군요. 늑대가 목이 말라 샘을 찾아서 간 그 장면이 마음에 와닿았군요. 그런데 목이 마르다는 것은 무엇을 의미하나요?
학생	목이 마르다는 건 갈증이 있다는 것입니다.
교사	네. 늑대는 갈증을 느끼고 샘으로 간 것이군요. 만약 늑대가 목이 마른데도 샘을 찾아가지 않았다면 어떻게 되었을까요?
학생	만약 샘을 찾아가지 않았다면, 물을 마시지 않으면 죽을 수도 있어요.
교사	맞아요. 다행히 늑대는 샘을 찾아갔네요. 그런데 샘에 비친 모습이 토끼였네요.
학생	저는 이 장면에서 깜짝 놀랐어요. 강하고 센 늑대가 샘에 비친 모습이 토끼라니? 늑대도 많이 놀랐을 것 같아요.
교사	혹시 늑대처럼 어느 날 갑자기 거울에 비친 내 모습이 낯설었던 경험이 있나요?
학생	사실, 인정하기 싫지만 늑대의 모습이 제 모습인 것 같아요. 성적표를 받을 때마다 좌절하게 돼요. 공부가 전부가 아닌 건 알지만, 현실적으로 대학은 가야 하고…. 딱히 잘하는 것도 없고…. 시험 기간이 되면 너무 막막해서 지금까지 열심히 공부하지 않았던 저 자신을 증오하게 돼요.
교사	솔직하게 말해줘서 너무 고마워요. ○○ 친구뿐 아니라 우리는 누구나 인정하기 싫은 자기 내면의 모습이 있어요. 선생님도 마찬가지예요. 늑대처럼 샘에 비친 자신의 모습을 처음에는 거부

하게 되죠.

학생들은 늑대가 목이 말라 샘을 찾아간 장면에서부터 반응한다. 대화를 통해 학생들은 '자신의 삶에 목마른 순간이 언제인가?' 자기 탐색을 하기도 했다. 대부분 입시생이라는 지금의 상황이 살아오면서 가장 목마른 순간이라고 했다. 꿈과 현실과의 차이, 현실을 인정하고 싶지 않고 어디론가 도망가고 싶지만 그렇게 할 수 없다. 그렇다면 늑대처럼 샘으로 가서 나의 참모습을 만나야 한다고 늑대에게 감정을 이입하게 된다. 누구나 자기 안의 슬픔이 있다. 그 슬픔을 끄집어내지 않고 억누르기만 하면 오히려 더 아프다. 속으로 파고 들어가서 더욱 자신을 감당할 수 없게 된다. 학생들은 질문을 통해 자신의 본모습, 깊이 숨겨진 마음을 조금씩 드러내고 속내를 끄집어내 보이며 자기를 찾아간다.

카타르시스 질문(3단계, 4단계)
카타르시스는 자기 내면에 쌓인 억압된 욕구나 감정을 발산하는 과정이다. 『마음샘』에서 늑대가 토끼를 부정하며 으르렁거리고 쫓아내려 했던 것처럼 학생들도 처음에는 자신의 내면의 모습을 드러내거나 인정하려 하지 않았다. 늑대가 토끼를 부정하는 장면에서 자신에 대한 억압된 감정, 내면의 정서를 투사하기도 했다. 자기 내면에 억압되어 있던 이러한 부정적 정서, 감정을 말이나 글, 그림으로 배출하게 되면 그 부정적 감정에서 놓여나 스스로 마음이 편안해짐을 경험할 수 있게 된다.

학생 3 : 내 마음에 떠오른 장면 : 늑대와 토끼가 대치하고 있는 이미지가 떠오른다. 마주하고 싶지 않지만, 맞은편에서 계속 나를 주시하며 떠나지 않는다.
감정 : 늑대가 토끼를 부정하는 인정하기 싫은 감정, 그런데 인정하지 않을 수도 없어 어쩔 줄 몰라함이 동시에 있다.

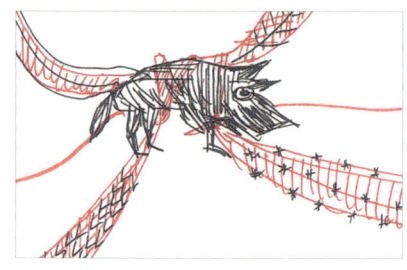

학생 4 : 내 마음에 떠오른 장면 : 철가시가 있는 쇠사슬에 온몸이 칭칭 감기고 묶여있어서 꼼짝달싹하지 못하는 늑대 모습이 떠오른다.
감정 : 사방에서 조여오고 쇠사슬로 칭칭 감겨있는 늑대의 모습은 숨이 막혀 죽을 것 같은 답답함이 느껴진다.

인상적인 장면에 대한 대화 중 도출된 질문은 다음과 같다.

3단계 : 등장인물(희로애락)
- 샘물을 다 마셔서 토끼 녀석을 없애야지! 라고 말한 늑대의 마음은 어떠했을까?
- 만약 늑대 안에 토끼가 없다면 기분이 어떠할까?
- 약이 오른 늑대가 샘으로 뛰어 들어갔을 때 기분은 어땠을까?

4단계 : 이야기를 거울로
- 자신의 모습을 솔직히 말했을 때 후련함을 느낀 적이 있나?
- 만약 내 안에 내가 싫어하는 그 모습이 없다면 나는 어떤 기분일까?
- 만약 내가 늑대처럼 샘물에서 토끼를 마주했다면 어떤 느낌일까?

교사	ㅁㅁ는 철사줄에 감겨 있는 늑대를 그렸는데, 많이 아플 것 같아요. 이 늑대를 보면 어떤 느낌이 드나요?
학생	저도 잘 모르겠어요…. 그냥 늑대를 본 순간 제 마음이 저렇게 쇠사슬에 감겨있다고 느껴졌어요. 사방에서 뻗쳐오는 줄에 감겨 움직일 수 없는 늑대처럼 느껴져요. 지치고 힘든 지금의 제 상태인 것 같아요. 그림으로 표현하면서 느껴졌어요.
교사	느끼는 대로 있는 그대로 모습을 표현해주었네요. 고마워요. 그림으로 마음을 표현해보니까 기분이 어떤가요?
학생	제 모습을 표현하면 많이 부끄럽고 창피할 줄 알았어요. 그런데 의외로 담담해지는 것 같아요. 마치 제가 저를 향해 'ㅇㅇ야, 네가 이랬구나. 많이 힘들었구나'라고 스스로 위로해주는 기분이 들어요.
교사	혹시 여러분 중에 자신의 모습을 솔직히 말했을 때 후련함을 느낀 적이 있나요?
학생	저는 어린 시절에 입은 화상으로 턱 아래에 작은 흉터가 있어요. 자세히 보지 않으면 잘 보이지 않지만, 친구들이 볼까 두려웠어요. 그래서 코로나 이전에도 늘 마스크를 쓰고 다녔어요. 간혹 선생님들이 마스크를 벗으라고 하셨지만, 절대로 벗지 않았어요. 보여주고 싶지 않았어요.
교사	그랬군요. 그동안 많이 힘들었겠어요. △△가 용기 내어 말해주었네요. 지금 △△의 마음은 어떤가요?
학생	네. 그동안 감추려고만 했는데, 별것도 아닌데 왜 그랬을까? 라는 생각이 들어요. 오랫동안 함께 다녔던 친구들도 저를 이상하게 생각했을 거예요. 솔직하게 털어놓으니까 오히려 홀가분

해요.

교사   누구나 다 감추고 싶은 면이 있죠. △△처럼 고백하는 것은 쉬운 일이 아닙니다. 용기 있는 행동이에요. 자기만의 두려움에서 자유롭게 되는 길이기도 하고요. 친구들도 그동안 힘들었던 △△의 마음을 충분히 이해하고 공감해줄 겁니다.

통찰 질문(5단계, 6단계)

통찰은 자신에 대한 이해로 나아가는 과정이다. 자기 자신을 객관적으로 바라보는 자리까지 나아가는 데 의미를 둔다. '아하! 그렇게 생각할 수도 있겠구나', '아! 그렇구나!' 누구나 다 비슷한 시기에 통찰이 오는 것은 아니지만, 각자의 속도, 각자의 경험에 따라 자신의 시간이 되면 스스로 깨닫게 된다.

학생 5 : 내게 통찰을 준 장면 : 결국 늑대는 자기 내면의 모습을 받아들이고 또 다른 자신, 토끼와 함께 춤을 추는 장면이다
깨달은 점 : 토끼와 같은 내면의 모습, 나약한 줄 알았던 토끼를 인정하는 나면 오히려 자유로워진다는 것을 알게 되었다.

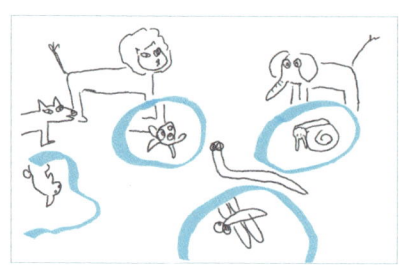

학생 6 : 내게 통찰을 준 장면 : 사자는 염소, 코끼리는 달팽이, 뱀은 다람쥐 등 동물마다 샘에 비친 자신의 모습을 보여준 장면이다.
깨달은 점 : 아! 그렇구나. 겉으로는 강해 보이지만, 친구들도 각자 감추고 싶은 아픔, 약한 부분이 있다는 것을 알게 되었다.

인상적인 장면에 대한 대화 중 도출된 질문은 다음과 같다.

5단계 : 다른 시각
- 여우가 다가왔을 때 늑대는 왜 자기 모습을 보여주었을까?
- 여우, 사자, 코끼리가 자신의 마음샘을 볼 수 있었던 이유는 무엇일까? 감추고 싶었던 늑대가 토끼와 춤을 추며 자신을 인정하고 일어난 변화는 무엇인가?

6단계 : 문제 해결 방법, 깨달음
- 늑대가 다른 동물에게 자신을 먼저 보여준 행동은 어디에서 나왔을까?
- 어떻게 하면 나를 인정하고 내면의 나와 화해할 수 있을까?
- 가족 안에서, 내가 속한 공동체에서 자신의 약한 모습을 감추지 않고 드러낸다면 어떤 점이 달라질까?
- 만약 늑대와 같은 상황에서 타인을 만나면 어떻게 할까?

교사	늑대가 토끼와 춤을 추며 자신을 인정하고 일어난 변화는 무엇인가요?
학생	다른 동물들에게 자기의 마음샘을 보여준 것입니다. 스스로 토끼의 모습이라는 걸 숨기지 않았어요.
교사	그렇죠. 그런데 늑대가 자신의 마음을 드러내는 것은 쉬웠을까요?
학생	어려웠을 것 같아요. 하지만 자기 모습을 인정하고 나서 변화된 것 같아요.
교사	여러분이 만약 늑대와 같은 상황에서 타인을 만나면 어떻게 할 것 같아요?
학생	저는 마음을 들키기 싫어서 아이들과 잘 어울리지 못합니다. 친

해지면 제 마음을 말해야 하고 그렇게 되면 더욱 저 자신을 지키지 못할 것 같아서요. 침묵 속에서 혼자 저 자신하고만 이야기하며 그 속에 빠져 있습니다. 그런데 늑대를 보고 내 안의 토끼, 두려움을 인정하려 하지 않았던 저를 보았습니다. 친구들이 물으면 대답도 하고 조금씩 저를 보여주어야겠다고 생각했습니다. 이젠 저도 그 방에서 나오려고 시도해봐야겠다는 생각이 들었어요.

|학생| ◇◇ 이 못지않게 저도 어렸을 때 왕따를 당하고 친구들과의 관계가 두려웠어요. 그래서 두루두루 친하게는 지내지만, 정말 제 속마음을 이야기하는 친구는 없어요. 하지만 그건 더욱 나 자신을 외롭게 하는 일인 것 같아요. 사자도 코끼리도 뱀도 모두 알고 보면 약한 모습의 자신이 있었다는 것을 알았잖아요. 센 척 하지만 한편으로는 두려움, 공포, 나약한 모습도 있다는 것을 알게 된 것 같아요. 먼저 자신을 보여준 친구들에게 고마웠어요. 그래서 저도 작은 용기를 내보아야겠다는 생각이 들었어요.

|교사| 그동안 우리 친구들, 얼마나 힘들었을까요? 두 친구의 용기에 작은 박수를 보냅니다. 어렵게 마음을 열어 보여준 것은 대단한 용기입니다. 과감하게 자기만의 어두운 방에서 나오려는 그 '일어섬'을 다른 친구들도 선생님도 응원할게요.

한순간 통찰이 일어났다고 해서 지속적인 행동의 변화까지 단번에 이루어지는 것은 아니다. 인간은 자신이 해오던 삶의 습관, 사고방식, 행동 유형을 그대로 유지하려는 경향이 강하다. 지적인 깨달음이 있고도 같은 문제상황이 일어났을 때 또다시 이전의 사고방식, 습관으로 되돌아가기

도 한다. 자기 내면을 긍정적으로 바라볼 수 있도록 의식적으로 연습해야 한다.

마음여행 대화

학급을 2개의 소집단으로 나눈다. 10~12명의 학생이 하나의 소집단이다. 원을 그리듯 책상을 둥글게 배치하고 『마음샘』에 대하여 자유롭게 대화를 이어간다. 발언을 하려면 손을 들어 표시하고 발언권을 얻도록 한다. 교사는 가능한 한 모두에게 한 번씩 발언할 수 있도록 시간을 배분하며 진행한다.

학생 1 내면의 토끼를 보여주길 두려워하는 늑대의 행동은 꼭 내 모습 같다. 고등학교에 올라온 후 의식적으로 '모범생'이라는 타이틀로 감싸고 살았다. 그런데 그 모습은 내가 생각할 때 거품이다. 남들이 생각하는 나와 내가 생각하는 나의 모습에는 많은 차이가 있다. 나도 솔직하게 내가 가진 본래의 모습을 인정하고 두려워하는 그 타이틀에서 벗어나고 싶다. 하지만 다른 동물들도 모두 마음샘을 가진 것처럼 나만 이런 생각을 하는 것은 아니라는 것을 알고 나서 마음이 많이 편해졌다.

학생 2 사람이면 누구나 겉모습만 보고 쉽게 판단한다. 외모나 성적, 행동, 말투 등등 그 사람의 겉모습을 보고 판단하고 평가하게 된다. 나도 그랬다. 그런데 동물들이 서로의 마음샘을 보여준 마지막 장면에서 갑자기 마음이 저려왔다. 내가 먼저 속마음을 보여주면 타인도 그 마음을 열어 보여준다는 장면에서 뭉클한,

	뭔가가 느껴졌다. 서로에게 진심으로 대하면 그 진심은 통하는 것 같다.
학생 3	처음 그림책을 한번 읽었을 때 늑대가 토끼보다 작게 그려진 것을 보고 현실성이 없는 이야기로 이해했다. 그런데 그림책을 또 한 번 자세히 읽고 나서 마치 내 모습을 들킨 것 같아서 깜짝 놀랐다. 친구들과 그림책에 관해 이야기하면서 나의 내면을 바라보고 비추는 것을 부끄러워하지 말고 있는 그대로 드러내도 되겠구나! 라고 생각했다.
학생 4	누구에게도 나의 부족한 모습을 보여주기 싫었다. 때론 그 아이가 너무 싫었지만 그 아이 앞에서는 좋은 척 가면을 쓰고 대했다. 그런데 언젠가부터 내 마음에 대해 솔직하지 못한 나 자신을 보는 것이 오히려 역겨웠다. 사람을 대하는 것에 대한 두려움도 점점 더 커졌다. 이제는 솔직해지고 싶다. '너의 어떤 부분이 싫었다고, 그래서 사실은 피하고 싶었다고….' 『마음샘』을 보고 나 자신의 모습을 인정하고 드러내면 오히려 나를 사랑할 수 있음을 알게 되었고 위로를 받았다. 그리고 그 친구의 마음샘도 어쩌면 나와 다르지 않을 것이라고 생각했다. 아직도 자기 마음샘 보는 것을 두려워하는 친구가 있다면 이 책을 추천해주고 싶다.

나의 마음샘 정의하기

정리하는 활동으로 나의 마음샘을 한 줄로 정의해본다. 자신의 마음을 표현할 수 있는 사물, 동물 등 명사형 단어로 재정의하고 왜 그렇게 생각하는지 이유를 쓴다.

나의 마음샘은?	이유
시계이다.	항상 정확하게 움직이며 내게 신호를 주기 때문이다.
날씨이다.	매일 매일이 다른 것처럼 아침마다 새롭기 때문이다.
그림자이다.	눈에 보이지 않지만 항상 나를 따라다니기 때문이다.
물이다.	어떤 것이 들어와도 밀어내지 않고 모두 받아주기 때문이다.
축구공이다.	누구의 마음이 들어와도 축구공 하나로 친해질 수 있고 놀 수 있기 때문이다.
틀린 그림 찾기이다.	비슷해 보이지만 자세히 들여다보면 같은 모습이 없고 매번 달라지기 때문이다.
( ) '빈칸'이다.	아직도 내 마음이 어떤지, 어떤 모습인지 잘 모르기 때문이다.

독후활동

쉽게 열리지 않는 자신의 속마음을 찬찬히 들여다보고 그림책 작가가 되어 썸네일로 만든다.『마음샘』그림책을 통해 기존에 갖고 있던 자기만의 사고 습관, 관점이 새롭게 바뀌었거나 깨달은 점을 4컷 썸네일을 작성하고 그 배경에 대해 간략하게 노트로 적는다.

제목 : 나의 강낭이

소녀가 키우는 강낭콩 강낭이가 자꾸 시들어간다.
소녀는 너무 마음이 아프다.

'그냥 강낭이를 포기할까?'
다시 돌본다고 잘 자랄 것 같지 않다.

하지만 포기하지 않았고 물을 주고
"다시 잘 자라다오. 강낭아!"라고 말한다.

마법처럼 강낭이가 살아났다! 줄기와 잎에 힘이 생겼다.
소녀는 날아갈 듯 기쁘다.

작가노트 : 노력해보지 않고 시도해보지 않고 '나는 안 돼, 안 될 거야….'라고 쉽게 포기하곤 했다. 그런데 최선을 다해보기 전까지는 안되는 것은 없을 거라는 생각이 들었다. 마음먹기 나름이라는 메시지를 담고 싶었다. 시들어 가던 강낭콩도 관심과 사랑을 받고 다시 살아난 것처럼 내 마음 들여다보기를 통해 조금 더 성장한 내가 되고 싶다.

| 이 책에 소개한 도서 |

『파란파도』, 유준재 글·그림, 문학동네
『눈보라』, 강경수 글·그림, 창비
『알바트로스의 꿈』, 신유미 글·그림, 달그림
『틀리면 어떡해?』, 김영진 글·그림, 길벗어린이
『사자가 작아졌어!』, 정성훈 글·그림, 비룡소
『안녕? 나의 핑크 블루』, 윤정미 사진, 소이언 글, 우리학교
『친구에게』, 김윤정 글·그림, 국민서관
『꾸고』, 이범재 글·그림, 계수나무
『풀이 나다』, 한나 글·그림, 딸기책방
『슈퍼 거북』, 유설화 글·그림, 책읽는곰
『이파라파냐무냐무』, 이지은 글·그림, 사계절
『마음샘』, 조수경 글·그림, 한솔수북

| 그림책사랑교사모임 출간 도서 |

마음으로 쓰는 그림책 한 문장 : 나를 따뜻하게 안아주는 그림책의 문장들
권현숙, 김준호, 김창덕, 인경화, 조형옥 저 | 케렌시아

초등 그림책 수업 : 한 해의 주제 수업을 고민하는 교사들을 위한 초등 그림책 수업
그림책사랑교사모임 저 | 교육과실천

14가지 빛깔의 그림책 수업 : 무지개색 아이들이 살아 숨 쉬는
그림책사랑교사모임 저 | 교육과실천

그림책으로 시작하는 철학연습 : 십대들의 마음과 생각을 키워주는 그림책 읽기
권현숙, 김준호, 백지원, 조형옥 저 | 맘에드림

작가와 함께 하는 그림책 토론 수업
그림책사랑교사모임 저 | 학교도서관저널

교사를 위로하는 한 권의 그림책
그림책사랑교사모임 저 | 학교도서관저널

그림책 생각놀이 : 생각하는 힘을 키워주는
그림책사랑교사모임 저 | 교육과실천

그림책, 교사의 삶으로 다가오다 : 교사에게 그림책이 필요한 순간
김준호 저 | 교육과실천

그림책 학급운영 2 : 따뜻하고 안전하고 건강한 교실을 위한
그림책사랑교사모임 저 | 교육과실천

그림책 학급운영 : 마음을 열어주고 관계를 꽃피우는
그림책사랑교사모임 저 | 교육과실천

그림책 토론 : 쉽고 재미있게 생각을 나누는
권현숙, 김민경, 김준호, 백지원, 조승연, 조형옥 | 교육과실천

생각이 자라는 그림책 토론 수업 : 교실에서 만난 그림책 독서토론 이야기
권현숙, 김민경, 김준호, 김황곤, 백지원, 조승연 | 학교도서관저널